科技文献网上检索实用教程

丁社光　主编

西南交通大学出版社
·成都·

图书在版编目（CIP）数据

科技文献网上检索实用教程 / 丁社光主编. —成都：西南交通大学出版社，2022.7
ISBN 978-7-5643-8763-1

Ⅰ.①科… Ⅱ.①丁… Ⅲ.①计算机网络–科技情报–情报检索–高等学校–教材 Ⅳ.①G354.4

中国版本图书馆 CIP 数据核字（2022）第 111141 号

Keji Wenxian Wangshang Jiansuo Shiyong Jiaocheng
科技文献网上检索实用教程

丁社光　主编

责任编辑／牛　君
封面设计／原谋书装

西南交通大学出版社出版发行
（四川省成都市金牛区二环路北一段 111 号西南交通大学创新大厦 21 楼　610031）
发行部电话：028-87600564　028-87600533
网址：http://www.xnjdcbs.com
印刷：四川煤田地质制图印刷厂

成品尺寸　　185 mm×260 mm
印张　　6　　字数　152 千
版次　　2022 年 7 月第 1 版　　印次　2022 年 7 月第 1 次

书号　　ISBN 978-7-5643-8763-1
定价　　25.00 元

课件咨询电话：028-81435775
图书如有印装质量问题　本社负责退换
版权所有　盗版必究　举报电话：028-87600562

PREFACE 前言

无论是院士等级的著名科学家,还是职业技术学院的一般学生,工作、学习的第一步就是查阅科技文献。所有大学的本科专业、高等职业教育院校都开设了文献检索课程,还有一些高等院校的研究生教育阶段也开设了文献检索选修课或信息检索选修课。只要写研究论文、工程项目的可行性研究、申报科研项目、毕业论文的开题报告,都要查阅文献,而且占到整个研究工作 10%~20%的时间。科技文献查询与在网上搜索信息的不同之处在于:科技文献要具备科学性、完整性、权威性、有明确的来源,仅仅依靠网上搜索信息是做不到的,因此需要掌握正确的文献检索方法,这是本教材出版的目的。很多学生把科技文献检索混同于用搜索引擎搜索信息,这是错误的。

本教材的核心就是全文检索,因此,只能检索到摘要、标题的检索方法没有包含在本教材中(例如美国化学文摘只能检索到摘要,因此没有包含在本教材中),同时也没有包含与检索无关的理论知识(例如,在专利检索中没有讲怎样申请专利,在数据手册检索中没有讲手册的发行规则),这是因为本教材的重点是为学生毕业论文(设计)服务的,大家关心的是文献内容的细节,而不是它的等级、申请过程、类型。

自然科学涉及的专业非常多,但是检索的方法几乎相同,本教材的案例很多是以化学文献的检索进行讲解,因为作者在近 30 年的研究工作中很多都与化学有关,但这并不影响其他学科专业的研究人员学习使用本教材。

教材中涉及的文献类型和检索方法是作者在科研、教学工作中经常遇见的,但文献的类型并不仅仅局限于本教材的类型,所以读者应该根据自己的实际情况扩展;

另外，文献检索方法并不唯一，本教材提供的是大多数情况下应该采用的方法，实际的例外非常多。欢迎广大读者把文献检索中遇到的问题发给我，我们共同努力解决。

文献检索不是孤立存在的一门课程，它与读者的专业知识，特别是专业英语水平密切相关，因此，要查好文献、查对文献、充分利用好文献解决自己的科研问题，还需要有坚实的专业技术背景知识。因此，文献检索是一门交叉学科。

由于网站都在不断更新中，因此本教材中提供的网站截图可能已经不存在了，但是截图的内容不会被删除，只是在更新后的网站中改变了显示方式，这需要读者特别注意。

如果把本书作为教材，建议授课时间为24~32学时，其中讲授8~16学时、学生上机实践16学时。本书非常适合第一次接触科技文献检索的读者自学，特别是大学四年级的本科生、大学三年级的专科生。如果这门课是教学实践环节，建议的教授时间为5次，每次讲一种文献。

本教材配有 HTML WorkShop Help 电子课件，读者可在西南交通大学出版社官网下载获取最新的电子课件，文件格式为 chm，并不断更新。

由于编者水平所限，书中难免存在疏漏不妥之处，敬请读者批评指正。

编 者

2022年4月

CONTENTS 目 录

0 绪 论 ……………………………………………………… 001
- 0.1 文献的定义 …………………………………………… 001
- 0.2 文献的功能和作用 …………………………………… 002
- 0.3 文献的种类 …………………………………………… 003
- 0.4 当前文献的特点 ……………………………………… 007
- 0.5 本教材介绍的文献检索方法与网上搜索信息的区别 …… 011
- 0.6 有关文献的几个误区 ………………………………… 014
- 思考题 ………………………………………………………… 014

1 怎样查阅常数 …………………………………………… 016
- 1.1 中国国家科学数字图书馆（http://www.nlc.cn）…… 016
- 1.2 NIST Chemistry Webbook …………………………… 019
- 1.3 NIST Chemical Kinetics Database …………………… 023
- 1.4 SDBS 光谱数据库 …………………………………… 024
- 1.5 有机合成手册（www.orgsyn.org）………………… 027
- 1.6 网上下载手册 ………………………………………… 031
- 1.7 化学元素网站（http://www.webelements.com）…… 033
- 1.8 正确使用搜索引擎 …………………………………… 034
- 1.9 网上检索数据的局限性 ……………………………… 035
- 思考题 ………………………………………………………… 035

2 怎样查技术标准 ………………………………………… 037
- 2.1 标准的分类及内容 …………………………………… 038
- 2.2 网上找国内标准 ……………………………………… 040
- 2.3 网上找国外标准 ……………………………………… 047
- 思考题 ………………………………………………………… 048
- 课后建议 ……………………………………………………… 048

3 怎样查专利技术 ·· 049
3.1 网上查中国专利 ······································ 049
3.2 美国专利网（www.uspto.gov）···················· 053
3.3 其他国家专利 ·· 058
思考题 ·· 059
课后建议 ··· 059

4 怎样查期刊论文、学位论文 ·························· 060
4.1 网上查中文论文 ····································· 060
4.2 网上查英文论文 ····································· 064
4.3 研究论文检索中的问题 ····························· 068
思考题 ·· 074
课后建议 ··· 075

5 怎样查统计年鉴及统计数据 ·························· 076
5.1 年 鉴 ··· 076
5.2 行业统计数据检索 ·································· 080
5.3 国外统计数据检索 ·································· 082
思考题 ·· 082

6 怎样查政府出版物 ······································ 084
6.1 国家新闻出版署（http://www.nppa.gov.cn）····· 084
6.2 其他的政府出版物 ·································· 084
思考题 ·· 085

7 怎样查其他科技文献 ··································· 086
7.1 科技报告 ··· 086
7.2 会议资料 ··· 089

参考文献 ·· 090

绪 论

0.1 文献的定义

文献是用文字、图形、符号或音频、视频等技术记录的知识信息的物质载体，或者固化在物质载体上的知识信息，也包括非物质文化，它是人类科学实验和劳动经验的总结，具有学习的参考价值。因此，供求信息、广告、音频、视频，甚至新闻，严格说来都是文献。

本课程讲的文献是有关自然科学知识信息的总和，并不包括娱乐、商业、广告等的内容。主要是以化学化工学科为例进行讲解，其他学科查阅方法与化学化工非常相似。同时，本教材讲的标准类文献、政府出版物与普通人的日常生活密切相关，书中介绍的 CPI、PPI、GDP、商品、药品、化妆品质量信息、来源信息的查询是非常有用的。

从文献的定义上看，要注意以下问题：

（1）文献本身不能保证正确性，是否正确完全掌握在人类手中。现在公认的正确的文献知识，随着人们认识水平的提高，有可能是错误的或不完整的；相反，当前认为错误的，以后也可能发现是正确的。这样的案例在历史上已经发生过太多次，例如，在 16 世纪，哥白尼认为宇宙的中心是太阳，从而否定了地心说，这在当时被认为是错误的，哥白尼的这一学说直到 18 世纪才得到全面的公认；再如，物理化学课程中讲到的 Carnot 循环推论的热机的最大效率理论[1]，也经历了半个世纪的争论后才得到普遍承认。相反，20 世纪 90 年代提出的、普遍认同的微波消解理论，现在看来问题太多，已经失去了继续研究的价值[2]。因此，文献就是人类认识客观世界的经验总结，但是这样的总结是否正确，还需要人类深入研究、自己判断。

（2）文献的表达方式多种多样，不仅仅局限在纸质的文本上，音频、视频、非物质文化都是文献。例如，江苏连云港聚鑫生物科技有限公司"12·9"特大爆炸事故的调查结果就是以视频的方式在互联网上展示的[3]；还有非物质文化遗产都是文献的范畴[4]，如我国的中秋节、端午节等。

（3）文献不可能全部是最先进的研究成果，它仅仅是人类研究成果的集合。例如，化学平衡的理论大约是在 200 年之前发现的，目前还在广泛应用；而物理学中的牛顿定律也是在 300 多年前发现的，目前在火箭发射中仍然在使用。部分导师在指导学生写毕业论文的时候，过度强调查阅最近几年的文献，认为过去的文献就没有用了，这是不正确的（详见 0.6 节）。

0.2 文献的功能和作用

0.2.1 知识的宝库

这从文献的定义中就可知道。事实上，人类的一切成就都是在前人工作经验的基础上完成的，如果人类忘记了前人的经验，一切从头开始，那么，我们在学校里的第一课将是原始社会的"钻木取火"，社会的发展不可能进入今天的"5G"时代。因此，过去的所有文献，无论是否正确，都是人类知识的宝库，正确的知识可以使人们在它的基础上继续深入研究，错误的知识可以告诉人们失败的教训、避免重蹈覆辙。牛顿曾经说："如果我比别人看得更远，那是因为我站在巨人的肩膀上。"这不仅是谦虚，也是实事求是地反映了学习前人知识的重要性，充分说明了文献作为知识宝库的必要性。

0.2.2 传播、交流知识的渠道

事实上，人类从来就没有停止过知识的交流，最原始的方式就是口传信息、通过绳索打结记录信息，后来通过纸质文档，这种传播知识的方式称为物理传播。由于物理的实体制作、运输需要很长时间，因此文献传播的速度很慢，且价格非常高，出版量非常小，所以古人要获得一本书非常困难。而当今世界信息传输方式是通过电子信息传播，文献的类型也多种多样，有期刊论文、会议资料、讲座、参观咨询、调查统计报告等方式进行交流，了解他人的研究成果。特别是进入 21 世纪，文献的交流是通过数字化进行的，速度非常快，数据量非常大，通过网络获得文献、学习新知识显得特别方便。通过文献的交流，人类才可以做到互相学习，取长补短，使社会共同进步。由于文献的增长速率过快，因此，文献的查阅方法也成为所有人的必修课，特别是科技文献的检索方法显得特别突出，随着互联网的出现，在网上检索文献已经变得非常必要、非常流行。

值得注意的是：在网上查阅文献与用搜索引擎搜索信息完全不同，无任何共性（参阅 0.5 节）。

0.2.3 学习的工具

在中学教育中，谈到学习，就是看参考书、看教材、做练习题，参加各种培训、补课，这样学到的知识只占现代文献知识的 10%左右，通过这样的学习成为一个合格的劳动者是必须的，也是以后进一步深造的基础；但是仅仅依靠这些书本知识，要想成为科技工作者或从事自然科学的研究工作是远远不够的。当前，文献中蕴藏着丰富的知识信息，通过文献，人类就可以学到前人的最新研究成果，了解到别人做了什么、正在做什么、还有哪些没有做或做得不好、哪些已经做得非常好了，而没有必要去重复别人的工作，除非对前人的工作有新的提高。这样就大大缩短了人们认识世界所需的时间，能够在前人的基础上继续努力工作。

0.2.4 节约科研经费

在硕士和博士研究生的工作中，首先要做的就是开题报告的撰写，而这一工作的核心之一就是文献的查阅、收集、总结，占整个研究工作的 10%左右，有的学生这一步做得好，到后来失败的概率就小，试验工作顺利，极少返工或改变试验方案；而有些学生这一步做得不

好，结果后面的挫折非常多，不少学生不得不延期毕业。类似的情况也出现在工程设计、成果推广中，如果中试前没有充分考虑不利因素、没有查阅相关的文献，失败的可能性非常大，造成大量人力、物力的浪费。在任何大型科研项目中，文献调研显得更加重要，占整个工作的比例一般超过 10%。原因很简单，通过查文献，我们可以应用已有的、成熟的技术来完成自己的部分工作，经费的投入集中在前人没有做过的事情上，这样总投入就小多了。所以在科研中，要充分阅读各类文献，尽一切可能利用别人已经完成的工作，不要重复别人做过的事情，而是利用别人成功的案例、避开前人失败的案例继续新的研究。这样就可缩短科研的时间，节约经费。

0.3 文献的种类

0.3.1 图 书

图书包括教科书、专著，甚至字典、手册、工具书（本教材涉及的图书并不包括学前教育、义务教育类的图书）。图书是人们见得最多的文献，是人类获得知识的重要途径，可以说从小学、中学到大学都是通过教科书或其他参考资料获得知识的。图书中的内容科学性强，它所陈述的理论、观点已经得到科学界的一致认可，是非常成熟的，是正确知识的反映，因此，图书是进一步学习、研究的基础。但一本图书从撰写、修改、审稿，要经过多次反复，且出版印刷、发行还要经过相当长时间。因此，图书反映的知识是 2~3 年前的东西，特别是科技方面的图书，而教科书则更长，可能是 5~10 年前甚至更久之前的知识，这就是说图书的知识更新很慢，一般情况下不能反映科技发展的最新动向及最新成果。例如，化学平衡的理论是约 200 年前提出。所以，在知识爆炸的现代社会，仅靠阅读图书来获得知识是远远不够的，但是又是非常必要的，因为任何人获得知识的第一步就是阅读图书，毕竟它们是非常成熟的、得到公认的知识。

每一本图书都有一个唯一的 ISBN 编号，根据国家标准 GB/T 5795—2006 的规定进行编制[5]*，由于与查文献没有直接关系，这里就不讨论了。值得注意的是：ISBN 编号与书名一一对应，差一个字都不行。例如，ISBN 7-03-003594-1/O·638 对应的书名就是《化学文献及查阅方法》，而书名为《化学文献的查阅方法》不可能对应这个编号。如果一本书没有编号或编号与书名不符，则是非法出版物。初学者必须高度重视，不可马虎。

书号的查询只能在 "国家新闻出版署" 的官方网站上查，详见 6.1 节。

0.3.2 期刊上发表的研究论文

期刊每经过一定期限就发行一次，自然科学中常见的期刊一般每隔一个月、两个月或三个月发行一次，分别称为月刊、双月刊、季刊。在期刊上发表的文章由于撰写时间短、涉及的内容高度专业化、文章一般很短（5000~10000 字），同时文章的印刷出版也比较快，所以期刊能比较及时地反映某一科技领域最新的研究成果，是获得新知识的重要来源之一。所以科技工作者必须阅读本专业的期刊，才能了解本专业发展的最新动态。与图书相比，期刊的报道及时，知识更新快。但是，期刊上的内容是作者个人研究成果的总结或陈述，

---

* 由于引用了国际标准，在国家标准化管理委员会的网站上看不到原文。

里面的观点没有得到科学界的承认，仅仅是作者、审稿人承认其正确性（当然，审稿人一般都是这篇文章涉及领域的专家、教授、学者、院士，他们的观点在一定范围内是值得信赖的），且实验结果是否具有普遍性还有待进一步得到科学界的验证，因此它的科学性不如图书。

每一个期刊都有一个唯一的 ISSN 编号或国内统一刊号，根据国家标准 GB/T 5795—2006 的规定进行编制[6]*，ISSN 编号与刊名一一对应，差一个字都不行。例如，ISSN 1002-3631 或 CN 11-2411/X 对应的刊名就是《安全》，而刊名为《安全与防护》不可能对应这个编号。如果一本期刊没有编号或编号与刊名不符，则是非法出版物。初学者必须高度重视，不可马虎。

刊号的查询也只能在"国家新闻出版署"的官方网站上查，详见 6.1 节。

0.3.3 科技报告

科技报告是科研机构、设计单位或个人以书面形式向项目经费的提供部门汇报研究成果，然后向外界公开发表。科技报告是关于高度专业化的领域最新的研究成果或阶段性的研究成果，它往往涉及高科技。它比期刊更早发行，自成一册，内容详实，篇幅长，实用价值、参考价值远高于期刊、图书，所以很多文摘都收录了科技报告，如美国化学文摘（CA）、美国工程文摘（EI），是科技工作者应该经常阅读的东西。另一方面，科技报告里的观点也没有得到科学界的公认，还有待进一步探讨。同时由于保密的要求，科技报告中可能隐瞒了关键的内容，完整无缺地获得科技报告并不容易。目前比较流行的科技报告有美国宇航局（NASA）的科技报告、美国行政系统报告（PB）、美国军事系统报告（AD）；我国科技报告有《科学技术研究成果报告库》。科技报告适合专业化研究人员阅读，例如，硕士、博士、科研机构的研究员、专家、教授。

0.3.4 学位论文

学位论文是本科生、硕士研究生、博士研究生、博士后毕业时撰写的毕业论文，从我国目前的情况看，只有博士（博士后）论文和少数研究生优秀论文有参考价值，水平较高、可信度高，比较详细记录了实验的过程、实验数据、研究背景、研究方法、观点一般具有独创性、新颖性。但学位论文科学性不够，很多实验结果虽然非常好，但是没有重现性，实验的方法也没有得到公认，因此在阅读的时候要注意寻找其中可靠的内容加以利用，取长补短、去伪存真。目前可以从中国知网（CNKI）上找到学位论文的全文，网上付费后可以查到，还有万方数据库、国家图书馆（NSTL）、欧美博士硕士论文数据库（PQDD）。对于第一次接触毕业论文撰写的学生，建议多阅读学位论文。

0.3.5 会议资料

会议资料是学术研讨会上各位专家学者论文的总结。学术会议一般是高度专业化的，由于会议召开的日期并不固定，故会议资料的发表在时间上没有规律。它反映了科技发展的最新趋势，同样，这种文献的科学性没有得到公认，仅仅是研究方向、成果的简单介绍，特别

---

* 由于引用了国际标准，在国家标准化管理委员会的网站上看不到原文。

是互联网诞生后，会议资料的传播得到了极大提升，不仅数量大，速率也快，各种专业化的会议大量举办，参加的人数增长迅猛，全世界每年有十几万篇会议资料公开发表，但是成果的正确性还有待进一步的研究、检验、核实。可以在中国知网、中国学术会议在线、国际学术会议信息网中查到会议的论文、会议信息。

0.3.6 专 利

某一新技术、新产品的发明人为了保护自己的发明不被他人非法使用，可以向政府申请知识产权保护，保护的核心目的就是：未经发明人许可，任何个人、集团、政府组织在一定期限内不得使用、抄袭、模仿发明人的该项发明研究成果，这就是专利。世界知识产权组织（World Intellectual Property Organization）在1988年出版的《知识产权教程》中，明确指出：专利文献是包含已经申请或被确认为发现、发明、实用新型和工业品外观设计的研究、设计、开发和试验成果的有关资料，以及保护发明人、专利所有人及工业品外观设计和实用新型注册证书持有人权利的有关资料的已出版或未出版的文件（或其摘要）的总称[7]。专利定义为：前所未有、独创的技术发明、技术的应用领域的扩展和工艺品外观设计研究、开发和试验成果，相关的文字和非文字的文档资料，包括对原有技术的改进、原有的多个专利的组合产生的新应用、新的设计构想。当前，著作权登记这一专利新形式开始受到重视，它是指文学艺术作品、计算机软件代码、商标、建筑设计风格、美术摄影作品、电影电视、工程设计图纸、模具。专利必须在得到申请国专利局的正式批准才能生效、出版发行，否则就是非法的，不能视为专利，不受当地专利法的保护。

从专利的定义可以看出，只有应用技术成果才能申请，理论研究成果及社会科学不能申请专利，理论研究事实上是全人类的共同财富。例如，爱因斯坦的相对论非常有独创性，是非常伟大且独一无二的理论研究的重大发现，颠覆了人们对宇宙时空的看法，但是他不能申请专利；相反，利用爱因斯坦的理论制造原子弹的生产工艺可以申请专利，利用这个理论修建的核电站的技术也可以申请专利。再如，牛顿发现了宏观物体机械运动的三个定律及万有引力定律，这一重大理论研究成果解释了任何宏观物体运动的本质，但是他不能申请专利；而利用他的定律发明了发射卫星的火箭的技术可以申请专利，事实上，现在的任何火箭、卫星、导弹的飞行路线都服从牛顿的定律。

特别值得一提的是，任何符合科学原理的思维也可以申请专利，并不需要有实际的产品。例如，某人设想：地球的平均温度大约在288 K，而火星的平均温度只有大约193 K，如果在两个星球之间发射一个卫星作为热机，它能从高温的地球吸热，再部分放热到低温的火星，就可以做功用来发电。这个设想完全符合热力学第一定律、热力学第二定律、Carnot理论，因此可以实现（尽管目前还没有实现），热机发电的效率=（1－193/288）×100%=33%，这种设想就可以申请专利。

专利至今已有300多年历史，它为人类建立起了巨大的知识宝库，传播了发明创造，促进了技术进步；但是另一方面，专利又阻碍了技术的推广，这是因为专利转让产生的巨额费用，反而成为打压竞争对手的重要工具，因此，世界各国的专利法一直在不断修改中，目前虽然已比较完善，但是仍然有许多问题亟待解决。例如，专利以前是终身有效的，这样虽然最大程度保护了专利发明人的利益，但对科技的发展、交流不利。因此，专利的有效期在各个国家有不同的规定,但都废除了终身制,如美国目前为 2 年,而中国目前是 20 年。

目前,专利文献的数量呈爆炸式增长,有约 160 个国家和地区加入了世界专利组织,每年有 40 万条新专利诞生[7]。专利涉及的领域巨大、内容广博,从工程技术、高科技领域,到人们的日常生活,都有专利的应用,不管是哪一类型的专利,它们共同的特点是新颖性和实用性,即专利在正式申请以前还没有人申请、公开发表过,它能够给用户带来方便、提高工作效率。专利文献与其他文献不同的是它的内容非常详尽,一份专利说明书常常长达几十页,但专利的报道速度显然比其他文献都快。

可以在"国家知识产权局"的官方网站上查到所有的专利,这也是中国专利查询、申请的唯一合法网站。

本教材的重点是专利的查询方法,有关专利的申请、保护、转让、购买、审查请阅读《中华人民共和国专利法》或访问国家知识产权局的官方网站(目前的网址 http://www.cnipo.gov.cn,然后找到"办事指南"阅读详细内容)。

0.3.7　技术标准

这类文献非常特殊,因为它具有法律约束力。技术标准是对产品、建设工程、环境保护、卫生健康的质量、规格、检验方法制定的统一规范(包括质量规范、检测评价规范),符合规范的商品才是合格的,才能销售、交付使用;用指定方法检测的数据才是合法的、可信的,这些规范必须得到国家官方机构认可才能执行(目前我国的管理机构是国家标准局)。例如,监测化学耗氧量(COD)的方法非常多,但是中国的国家标准规定只能是高锰酸钾法和重铬酸钾法[8, 9],其他方法检测的数据无效,这是因为每一种检测方法虽然都是科学的、正确的,但是不同方法之间存在误差(称为系统误差)[10],因此,测量结果差异比较大,容易引起混乱,这样就无法比较、交流,因此必须统一用一种方法来测量。再如,铁路修建、公路修建都必须有一整套严格的建设标准、施工标准、检验标准,才能保证安全、畅通。因此,标准是从事生产、建设、技术评估的技术依据。每一个国家对标准的制定、实施都是非常严格的。

中国的标准可以在每个部门的官方网站上免费查阅,例如,环境标准就可以在国家生态环境部的网站上查到,药品标准可以在国家食品药品管理委员会网站上查到。事实上,如果购买任何商品后,在它的外包装上都可以发现这个产品相关的国家公认的标准(国家标准、地方标准、行业标准、集团或协会标准、企业标准)。技术标准不仅仅是科学研究中必须使用的,而且和所有人的日常生活息息相关。

0.3.8　产品样本

产品样本指产品说明书或宣传品,是免费赠送给客户的文献。它包括的不仅仅是产品信息,包括名称、规格、用途、适用范围、注意事项等,还包括生产厂商的信息。例如我国的著名企业青岛海尔集团,在它的任何产品的宣传资料上都有该企业规模有多大、技术力量多强、已有的专利技术。产品样本可以在每个企业的官方网站上查到,展现方式不仅仅有文字,还包括图像、视频、获奖证书、工作原理简图等。这类文献要特别注意的是,某些厂家可能存在做虚假广告、对产品功能夸大其词等。

0.3.9　政府出版物

政府出版物指国家专门的机构发布的强制执行的文件、通知、政策、统计数据，常见的是国家统计局发布的统计年鉴、海关总署发布的进出口检疫规范操作流程、国家卫生健康管理委员会公布的传染病诊断的标准操作规范（如新型冠状肺炎）。无论个人的研究领域是什么，只要涉及这些内容，都必须执行政府的规定。例如，从事动物研究的科技人员似乎与政府出版物没有关系，实际上不是的，比如从国外进口的动物在海关必须进行卫生检疫。这些通知、政策、指南等政府出版物在实践中通过不断修正、完善后，就成为国家标准、法规，有的成为民法的一部分。不能小看这些政府出版物，它们对科学研究的影响非常大，决定了科学研究的方向，特别是工程技术方面的研究。

统计年鉴是一个国家或一个团体一年内重大事件，重大社会政治、经济活动的记载，是国民经济与社会发展状况的全面反映，一般以统计数据、图表、文档的印刷品出版，是必不可少的工具书，而且只能是合法的、有资质的机构才能发布，每个国家、每个部门，甚至每个企业都有自己一年的工作回顾、大事记、业绩统计。例如，《中国统计年鉴》只能由国家统计局权威发布，《重庆统计年鉴》只能由重庆市统计局权威发布，《中国环境年鉴》只能由生态环境部权威发布，《长安汽车集团年度总结报告》只能由长安汽车集团董事会权威发布。可以说，年鉴是世界了解每个国家，每个国家了解世界的窗口。

年鉴与科学研究密切相关，很多科研项目在书写可行性研究报告时需要查阅它，而社会科学的研究项目使用年鉴的频率更高。它反映了一个国家经济和社会发展的情况，涉及第一产业、第二产业、第三产业、IT产业、环境污染及治理、人民生活、能源、建筑、运输、邮电快递、进出口贸易、教育科技、行政区划国土面积、地质地貌……统计的范围每年都在扩大，统计的数据越来越详细，人们熟悉的国民生产总值（GDP）、居民消费品价格指数（CPI）、生产者价格指数（PPI）、采购经理指数（PMI）……都可以在统计年鉴中查到。可以说，统计年鉴不仅与科学研究有关，还渗透到日常生活的方方面面。

政府出版物可以在中华人民共和国政府官方网站上查到，如中国政府网、新华网、中华人民共和国商务部，工业和信息化部（简称工信部）、国家统计局等，以及各省（自治区、直辖市）政府的网站上都可以查到。这些政府出版物与科学研究关系非常密切，任何科研、任何建设项目的可行性研究报告的第一步就是深入了解国家的方针政策。例如，《中国制造2025》[11]就是所有科研项目必须遵循的准则，它可以在中国政府网上找到或在工信部的官方网站上找到（不建议在搜索引擎或其他网站上找，因为它们可能修改了原文或转载的时候加入了个人或团体理解）。

政府出版物不仅仅代表了政府、全体公民的立场，更是科学研究的指导方针，在科技文献检索中起着非常重要的指导作用，不可忽视。

0.4　当前文献的特点

0.4.1　文献数量猛增，呈加速度增长

当前的世界是知识爆炸的年代，文献数量也呈现出高增长态势。中国知网（CNKI）(http://www.cnki.net)统计的文献数量显示出爆发式增长（CNKI的统计没有包含专利），

1910—1919 年中国文献的总量只有 305 067 篇，而 2010—2019 年已经超过 1 亿篇，达到 107 206 083 篇（图 0.4.1）。从美国专利网（http://www.uspto.gov）公布的数据也可以看出，在 1900—1909 年的 10 年间，一共只有 21 项专利，而到了 2010—2019 年的 10 年间，已经扩大到 2 667 699 项（图 0.4.2）。类似的情况也出现在外文文献中，美国科学引文索引（Science Citation Index，SCI）收录的文献数量也呈类似的爆发式增长，1900—1909 年的 10 年间，SCI 共收录各类文献近 45 391 篇，而到 2010—2019 年的 10 年共 6 533 527 篇，100 年增长近 100 倍，而且每年还在以 30%的速度增长（图 0.4.3）。如此巨大数量的文献，如果用手工方法检索，需要花费很长时间，甚至终身都看不完所有文献，更谈不上精准找到所需要的文献。因此，学会正确的网上检索方法显得非常必要，"文献检索"这门课程就由此诞生了。

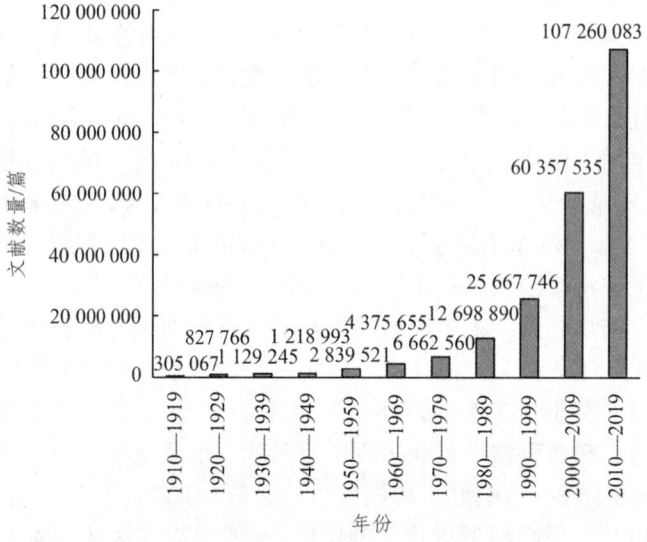

图 0.4.1　中国知网统计的文献数量百年走势

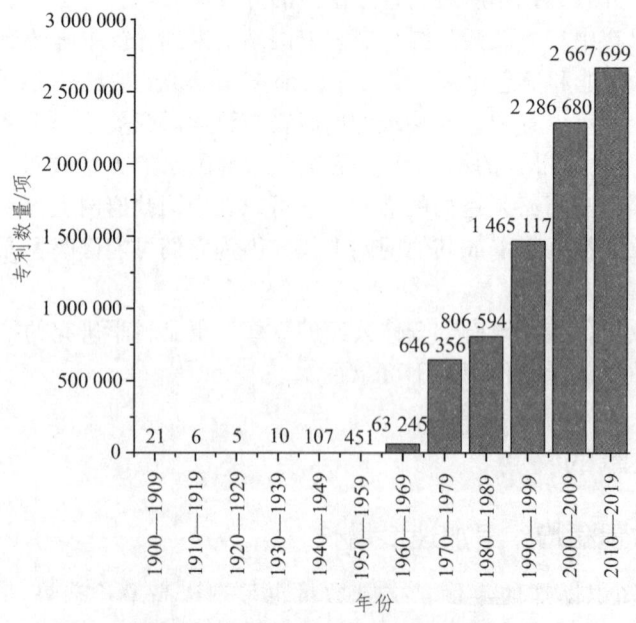

图 0.4.2　美国专利数量百年走势

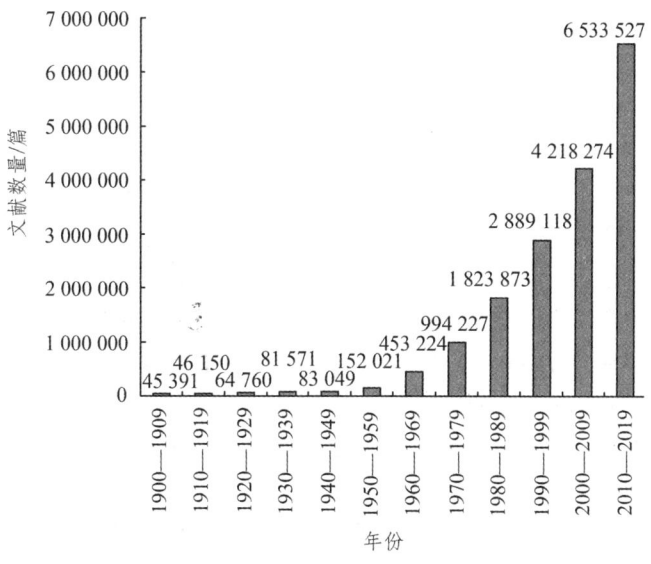

图 0.4.3　SCI 统计的文献数量百年走势

文献增长的另一特点是刊登文献的期刊、著作、各类研究报告也大幅增长，专业化程度越来越高、学科越分越细。虽然没有查到过去的 100 年里期刊数量的变化数据，但是单单就目前已经发行的期刊上看，数量是非常大的。以德国 Springer 公布的数据，截止到 2021 年 2 月 4 日，该数据库收录的期刊就有 3574 种，中国知网（CNKI）收录的国内外期刊有 11 583 种，美国科学引文索引（http://www.sciencedirect.net）目前收录的全世界的期刊有 44 981 种，涉及物理学、工程技术、生命与健康、人类与社会的几乎所有领域。这里还没有包括图书、视频、会议资料、科技报告、标准、政府出版物等其他文献。涉及 136 个国家、56 种语言，其中英文发表的文献数量占绝对优势，其次是德语、法语，其他语言数量很少。根据 Springer 统计的结果，截止到 2021 年 2 月 4 日，英文发表的论文有 10 480 855 篇，德语有 1 973 137 篇、法语有 61 630 篇，中文只有 20 篇，其他语言的论文和中文一样，非常少（表 0.4.1）。目前世界上大约有 50 万种各类期刊、专利、标准、会议资料。

表 0.4.1　Springer 统计的几种语言发表的文献

文献语言	数量	比例
英语	10 480 855	83.7%
德语	1 973 137	15.8%
法语	61 630	0.5%
中文	20	0%

因此，科技工作者精通本专业的英语词汇就显得非常重要，它相当于你的左手。特别要注意的是：英文的科技论文不建议用翻译软件翻译，因为这样翻译出来的论文漏洞百出，可能严重偏离原文的观点，而且连中文语句都不通顺。

0.4.2　文献种类繁多

到目前为止，共有九类文献，在 0.3 节中已做了简单介绍。这些文献的出版可谓五花八门，除了传统的印刷品外，还可制成缩微胶卷，通过特制的红外照相机来阅读，可以将上百页的印刷内容记录在一张缩微胶卷上，这样大大节约了文献的存储费用；到 20 世纪 80 年代，出现了价格更低、存储量更大的磁带机，通过计算机来阅读；而到了现在，还出现了光盘、多媒体，目前最流行的就是电子文档，相信不久的将来，生物芯片也会用于存储文献。

文献的种类繁多还表现在文献检索工具上。目前，文献按检索方式可分成三类：（1）一次文献。即原始文献。指未经加工处理的原始文档，如论文、专利、科技报告、会议资料等。（2）二次文献。将一次文献加工、简化、重组后制作成检索工具，以便检索一次文献，最常见的是摘要。科技界著名的二次文献有《美国化学文摘》（Chemical Abstracts，CA）[*]、《美国工程文摘》（Engineering Index，EI）、《科技引文索引》（Science Citation Index，SCI）等。（3）三次文献。对二次文献进一步加工而编写的综述性文献，如专题评述、学科发展动态、百科全书、数据手册等，它们的应用非常广泛，有时比一次文献更有用。

随着网上检索文献的推广，人们发现，一次文献、二次文献、三次文献的区分已经非常模糊，往往可以同时找到，而且很多专业网站已经把这三种文献合并显示提供给用户。本课程的重点就是通过一次查询同时找到这三类文献。

0.4.3 文献涉及的学科交叉重复

随着科技的发展，传统的学科分类方法被打破，学科越分越细，专业越来越多。例如，胶体化学、吸附分离理论就从物理化学中分离出去成为单独的学科；再如塑料合成、塑料成型加工就从高分子科学中分离出去成为独立学科；在机械工程、环境工程、生物工程中这样的分离非常普遍。另一方面，不同专业、学科间的相互联系更加紧密，例如，计算机软件与化学结合诞生了计算化学，高分子材料与机械加工结合诞生了塑料加工，食品与机械结合产生了食品机械等。这是现代科技发展的大趋势，它反映在文献上就是在某一学科期刊上发表的文献也可在另一学科的期刊上发表，这就是交叉重复。例如，有关苯酚降解的文献既可在有机化学的期刊上发表，也可在环境污染治理的期刊上发表，因为苯酚是一件污染物。或者一种期刊可以刊登多学科的论文，例如《分析化学》上既有药物分析的论文，也有环境污染物分析的论文，还有有毒有害物质分析的论文。在查阅文献时，经常发现，同一研究内容既在期刊上发表了论文，又申请了专利，还在会议资料中出版，更有甚者，在硕博论文中重复出现。

这样的发展趋势给文献查阅带来了新的挑战，要求查阅的期刊越来越多，同时还要剔出重复类同的报道，如果没有网络技术，很难全面了解学科发展的最新动向，因此，网上检索文献显得非常重要。

0.4.4 文献失效快

随着科技的发展，新技术的应用越来越快，新技术层出不穷，旧技术很快被淘汰，与旧技术相联系的文献因此也被淘汰。在 20 世纪 50 年代，一篇新文献所涉及的技术一般要使用 10 年左右，到 21 世纪仅有 2 年，而在计算机、新工艺、新材料领域，时间更短。为了衡量

---

[*] 美国化学文摘不仅仅收录化学化工方面的研究成果，还收录制药、材料、生物、食品、机械、环境、海洋、航空航天等多方面的科技文献。

文献失效的快慢，人们常用文献的半衰期来说明，文献的半衰期是指某一学科领域的所有文献（不是某一篇文献）有一半在应用领域被淘汰所经历的时间，目前可以用普赖斯指数（Price Index）[12]来估算，根据这个指数，可以计算出：在18世纪，文献的半衰期约为100年，19世纪约为30年，20世纪为15年，而21世纪大约为3年。在科研工作中，导师总是要求学生尽可能查最近3~5年与本课题有关的各种文献（基础理论、工具书、技术标准除外），也就是这个道理。这说明文献失效越来越快，换句话说，如果一个人2年没有学习新知识，那么，他掌握的知识就要减半；5年不查文献，他掌握的知识只有现有知识的1/4；10年不查文献，就落后于时代了。如果一个科研工作者只从教材上获取知识，即使把书上的每个细节都搞清楚，他掌握的知识用于科学研究也是远远不够的。

0.4.5 文献总体质量明显下降

当前的文献数量巨大，但总体质量在下降。造成这种状况的原因是实验数据没有重现性，从已经发表的文献看，很多研究工作只把最好的一次实验结果写在论文中，经不起重复多次实验，其他同行的科技工作者按照这篇文献的方法根本做不出相应的结果或实验结果达不到这篇文献的预期，而任何科学实验都必须进行重复实验后得到的平均值才是最后的结果。由于任何研究项目都有时间限制，而同一个人的研究项目又有很多，因此没有时间重复实验。还有就是经过多次重复实验后，效果比较差，如此一来项目就不能结题，为了结题，这时只有把最好的一次结果拿出来发表论文。如果项目没有结题，个人的科研绩效、评职称、评奖甚至以后再次申报项目会受到很大影响，所在部门的评优、评奖、申报项目也会受到影响。另一个原因是随着科技领域的市场化，少数文献出版商为谋求经济利润，将一些质量差、无用的文献也公开发表，鱼目混珠；少数科技工作者（特别是某些硕士生、博士生）为了名誉、为了毕业，篡改实验数据，歪曲实验事实，其他读者获得他们的文献后，根本做不出来或效果非常差，给文献查阅带来麻烦。因此，当前文献数量剧增的同时，它的负面效应也显现出来。

当然，这样的情况只是少数，并不影响文献作为"人类知识宝库"的主流方向，只是在查阅文献时，要注意鉴别，因此文献的查阅是一门学问。但是，这样的情况确实给查阅文献带来了许多麻烦，人们要花很多时间去判断文献数据的真伪，这要求读者有坚实的专业基础知识、丰富的科研经验、灵活的头脑，必要时还需要和导师、专家、同行一起讨论，这对一般的大学生、硕士生来讲是非常困难的。

0.5 本教材介绍的文献检索方法与网上搜索信息的区别

通过学习，读者应该认识到科技文献检索不等于用搜索引擎搜信息，可以从以下四个方面进行区别。

0.5.1 科学性

本课程讲的网上检索到的文献（信息）是科学的，每一个文献都是经过有资质的科研工作者（如专家、教授、院士、工程师、研究员）审查之后才公开发表的，并且符合现在公认的科学原理、经验规则、国家或行业的法规（包括技术标准），是可信任的。但是，通过搜索引擎得到的任何信息没有经过任何审查，任何人都可以将自己的观点发表在网上，大家现在就可以用搜索引擎搜一下"热力学中的热的定义",答案会非常多,但是热的定义只有一个;类似的还有"焓变等于反应热吗";再如,自动控制的信号分析常用到"矢量的正交与分解",而这个概念在物理学的力学中也经常用到,搜索引擎搜索的答案一大堆,很难找到需要的。造成这样状况的原因在于:网上给你提供信息的人有资格回答你的问题吗?他们是专家、教授、工程师、作家、画家?还是中学生、小学生、大学生、研究生、科盲?他们从事的研究领域是什么?他们真的把问题搞清楚了吗?或者说他们真的精通专业知识吗?这些都无法核实。而本课程提供的查阅方法一定是本专业的专家或专业的权威机构提供的文献。

0.5.2 权威性

权威性就是最有说服力的,是唯一可信的,文献的内容不容置疑,不可用其他文献代替,任何科技文献都要是权威发布,不可能存在两个正确答案或者"基本"正确的答案,即使有不确定的可能性答案,也必须给出正确的概率(置信度或不确定性)[13]。用本课程的方法查到的文献全部都是官方机构、专业研究机构发布的,因此,具有权威性。如果其他文献与官方机构发布的文献有矛盾、有出入,则只能以权威机构发布的为准,这就是权威性。例如,石油产品中甲苯的含量只能按国家标准 GB3406—90 的方法测量,只能采用液相色谱法,其他方法一律无效。

0.5.3 有来源、出处

在网上直接搜索任何信息,都无法查到提供者的真实身份,有些生产厂家在自己的网站上也有一些科技文献,但是不全面,一般都是转载的他人的链接,在科学上也没有说服力,是不可靠的。这些人的真实姓名、住址、属于什么机构或单位、是不是科技工作者、从事的研究领域等信息都无从核实,即使信息是真实的、正确的,也很难让人相信结果的正确性。因此,科技文献必须要有出处,必须知道是谁发布的,至少必须知道发布者的个人信息、联系方式,以便以后进行联系、核实。本课程查到的文献都具有这个特点,都是有出处、有地址、有联系方式或联系人的。通过这些信息,就可以判断文献信息的来源是否可靠。

0.5.4 完整性

任何科技文献提供的信息都是在一定条件下获得的或正确的,因此,阅读科技文献不可断章取义,就拿国家标准 GB7466—1987 中二苯碳酰二肼测量六价铬来说,完整的国家标准有干扰离子的消除的内容,同时明确指出了各种试剂的配制要求、步骤,但是在搜索引擎上很多没有这些内容,这样的测量结果是不准确的。类似的问题在数据手册中也会出现,查物质的热容,一定要看物质的状态,例如,苯的液态、气态、固态热容是不一样的。但是在网上直接查数据没有注明状态,只有数据。所以,查科技文献不能出现这种残缺不全的无用数据。

0.5.5 哪些网站提供的信息是可信的

根据上述四条原则,一个正规的网站一定有主办单位、开发者信息、主办单位的办公地址、联系人姓名或单位名、联系电话,如图 0.5.1 所示,这是最基本的要求。

图 0.5.1　可信度高的网站包括的信息

而很多网站没有提供开发者信息,这样的数据不可信,因为没有来源。如图 0.5.2 提供的数据就无法知道数据从哪里来的。

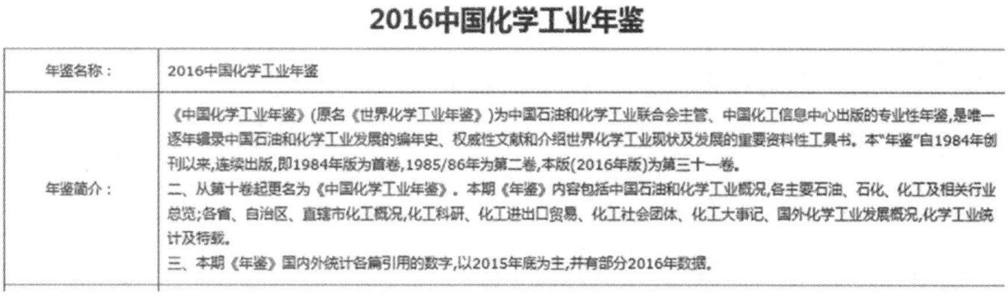

图 0.5.2　不可信的网上数据

此外,网站域名的第二级名称是 gov、org 的网站提供的信息可靠性高,二级域名一般有下列几种,如表 0.5.1 所示。

表 0.5.1　网站的分类

二级域名	含义	信息可靠性
com	商业机构	大部分缺乏科学性
edu	教育机构	未知
gov	政府机构	一般非常可靠
int	北约国家的政府机构	已经很少使用,可靠性未知
mil	军事机构	未知
net	网络公司	大部分缺乏科学性
org	非营利组织	一般非常可靠

值得注意的是,在中国,任何合法的网站都有 ICP 备案号,一般在网页首页的底部,如图 0.5.1 所示,这些网站是经过国家新闻出版署和工信部审查并批准发布的,因此,这些网站

上的内容是可靠的。

0.6 有关文献的几个误区

误区 1：文献失效快就是指过去的文献没有用了，所以查文献只需要查现在的就可以了，而过去的文献应放进博物馆，而不是图书馆。

这种观点显然有些偏颇。文献失效仅仅是说文献在应用领域没有实用价值，但在理论研究中仍然有参考价值，即使是 20 世纪的文献也不例外。例如，化学平衡的理论、回归分析的理论都是 200 多年前发现的，直到今天还在广泛使用，而且应用的领域已经蔓延到几乎所有学科专业。

误区 2：网上查文献可以代替手工查，所以可以不订印刷品文献以节约经费。

目前在互联网上还不能查到所有自然科学的资料，特别是化学化工的文献还是有限的，不是所有的科技文献在网上都能查到，这些文献的获得仍然要通过手工查阅（例如，到中国科学技术情报研究所）；另外，网上刊登的文献多是近几年的，以前的文献还不能查到，如万方数据库目前只能看到 1997 年以后发表的论文，清化大学主办的中国知网也只能看到 1994 年后的论文、1997 年后的博士论文，美国专利网也只刊登 1976 年后的专利。这些不足只能通过手工查阅来实现。

误区 3：文献检索就是在搜索引擎搜索信息。

这显然是错误的，互联网的搜索引擎是一个开放系统，任何人都可以在上面发布信息，没有任何人核实信息的科学性、权威性、完整性，也很难找到信息的来源，在 0.5 节已经讲得很清楚了。

当然，这里也不是说搜索引擎完全不能用，而是说搜索引擎提供的文献不能作为最后的可靠的结果利用，而是要进一步核实文献的来源及可靠性，搜索引擎只能用作查找文献的过渡工具，利用它可以提供查找的思路，而不是最终结果。事实上，本课程的很多地方都用到了搜索引擎，如百度、搜狗等。

误区 4：文献上的内容一定是正确的。

这可不一定，由于文献作者、审稿人知识面的限制，里面的观点仅是个人实验的总结，并没有得到科学界的一致认可，仍然需要进一步探索研究，更何况现在文献数量很多，文献质量还不能得到保证。所以，当自己的实验结果与文献记录有差异时，不可随便否定自己的结果，应该分析原因后再作结论。特别是将发表论文与个人经济利益挂钩以后，低质量文献数量有明显上升的趋势，这要特别引起重视。

思考题

1. 教材中一共介绍了多少种科技文献？哪些科学性强并得到公认，但更新速度慢？哪些科学性不强且没有得到公认，但更新非常快？（注意：这里并不是说哪种文献好，哪种文献不好，它们各有特点、各有用途，都是科学研究中必须用到的）
2. 查科技文献和用搜索引擎搜索是一回事吗？如果不同，二者究竟有哪些区别？
3. 当前文献的特点有哪些？
4. 等级高的期刊上公开发表的论文一定是正确的吗？为什么。

5. 大家讨论："读书破万卷，下笔如有神。"这句话在当今这个时代仍然正确吗？谈谈你的想法。

6. 本课程介绍的网站的二级域名除了 com 外，还有哪些？它们代表什么类型的机构？

7. 为什么文献的查阅在当前非常重要，无论是手工查还是网上查？

怎样查阅常数

这一章对从事化学化工领域的研究人员特别有用，无论是化学理论工作，还是化工过程设计，都需要用到化学常数，例如计算某个反应的热效应，就要用到反应物和生成物的标准生成焓，还可能用到它们的等压热容，而许多化工、环境、材料方面的计算还需用到临界温度、临界压力等许多常数，因此查阅化学、化工常数是非常重要的一环。因为任何一个化学工作者都不可能记住上百万种物质的物理化学常数，而这些常数目前还不可能用公式计算出来，无规可循。

1.1 中国国家科学数字图书馆（http://www.nlc.cn）

1.1.1 网站简介

中国科学院联合国内多家公共图书馆推出"数字图书馆移动阅读平台"，该平台定位方向就是针对移动阅读，涉及理工农医、信息产业、文学艺术等所有学科，目前收集的文献有图书、期刊、报纸、论文、古籍、工具书、音视频、非物质文化遗产、征集资源。根据该网站提供的数据，截止到2021年2月4号，该图书馆收录的中外文图书总共达到16 858 566册（其中中文图书12 550 483册，外文图书4 308 083册，英法德文图书2 388 275册）、中外期刊共15 824 959种，中外报刊295 679（合订册）种，视频、图片、音频、地方日志、手稿等非物质文化遗产共5 106 379件，另外还有缩微胶卷、光盘数据，可以说文献相当丰富，种类繁多，为用户免费提供随时随地随身的阅读体验。

国家科学数字图书馆需要注册后才能访问，提供了多种类型的数字资源在线服务。所有资源都只能在线阅读，不能下载。

1.1.2 查阅方法

这里以查阅手册为例进行讲解，其他资源的查阅方法类似。

（1）进入网站首页可以看到图1.1.1的画面，点击"图书"。

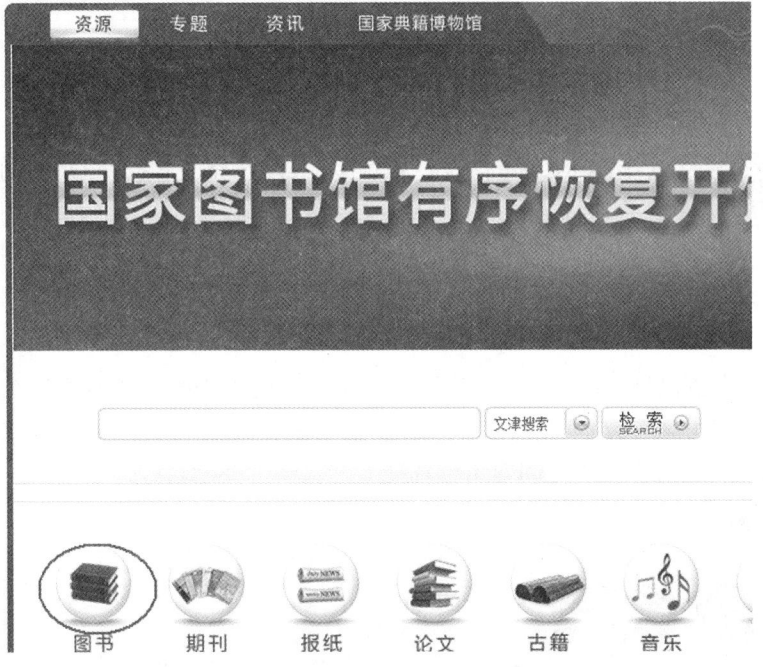

图 1.1.1　中国国家科学数字图书馆首页

（2）看到的资源很多，需要仔细查找，找到"科学文库"，要使用滚动条才能找到，如图 1.1.2。

科学文库　该库是科学出版社数字图书全文检索、在线浏览和下载借阅的平台，几乎囊括科学出版社60余年来所有获奖作品、院士著作、重点丛书、各学科必备经典专著等，分为15个学科专辑，覆盖自然科学、工程与技术科学、人文与社会科学、医药科学、农业科学五大门类的所有一级学科，所有图书按标准学科和中图法两个体系进行分类。截止2017年图书总品种共50,000余种，其中丛书有1000余套共10,000余种。（远程访问用户请登录国家图书馆读者门户访问该资源）

收录年限：1951-2017

图 1.1.2　找到"科学文库"

（3）一般情况下都不知道文献的准确名字，只知道要查阅的学科领域或大致的研究方向，因此"高级检索"非常重要，点击"高级检索"可以看到图 1.1.3 的画面。如果已经知道了文献的准确名字或作者的姓名，则可以直接输入进行检索。

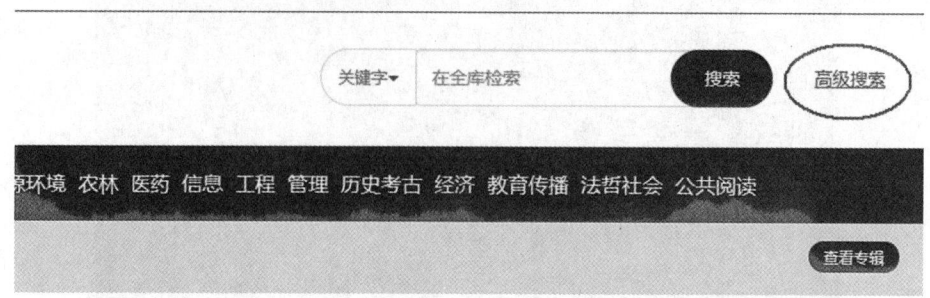

图 1.1.3　推荐用高级检索

（4）例如要查找机械方面的手册，则可以在第一个方框中输入"手册"，点击左边的"增加"按钮，会弹出另一个方框，输入"手册"，然后查找，如图 1.1.4 所示。如果想找其他文献，可以点击"图书名称"所在的弹出框选择。

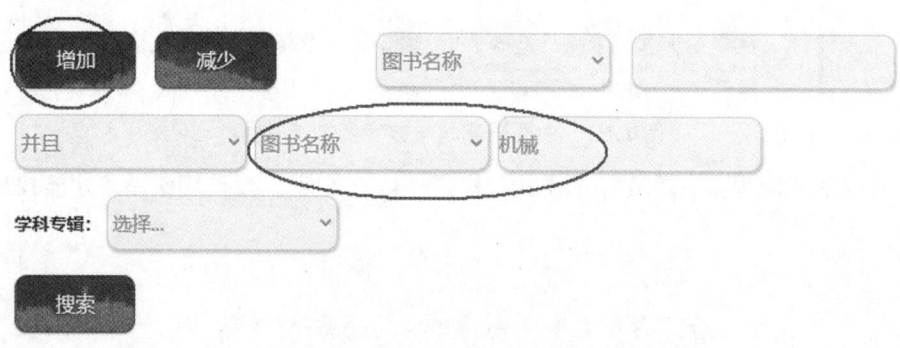

图 1.1.4　输入多个关键词

最后查找到的结果非常多，这里只选了一个，如图 1.1.5，点击"阅读"就可以看整本书，但是不能下载。

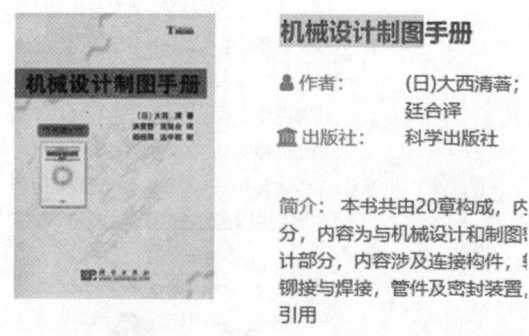

图 1.1.5　机械类手册查找结果之一

1.2　NIST Chemistry Webbook

1.2.1　NIST 简介

NIST 是美国国家标准与技术研究院（National Institute of Standards and Technology）的缩写，成立于 1901 年，它主要从事科学技术的基础理论研究和应用研究，帮助企业开发新技术新产品，并提供相应的产品技术标准、检查方法，在科学界享有很高的声誉。目前总部设在美国马里兰州盖色斯堡（Gaithersburg）和科罗拉多州玻尔得（Boulder）。其中基于 Web 的物性数据库包括 Chemistry Webbook，可以看作是 NIST 的标准参考数据库（Standard Reference Data）中一部分与化学有关的数据库的 Web 版本。

1.2.2　查阅方法

（1）在搜索引擎（如百度、搜狗、华为浏览器，其他的也可以）中直接输入"NIST Chemistry Webbook"，搜到的内容非常多，但是只有网址是"http://webbook.nist.gov/chemistry"才是唯一正确的，必须找到（或者直接在任何浏览器的地址栏中输入这个网址）。点击之后出现如图 1.2.1 的画面，这里有用的查找方式有按分子式（Formula）查找、按名称（Name）查找。其他方式包括：

① IUPAC Identifier　IUPAC*的标识码，每种化合物在 IUPAC 系统中都有一个编号；
② CAS Registry Number　美国化学文摘登记号；
③ Reaction　化学反应（这里气态离子或游离基之间的反应）；
④ Ion-energetic properties　离子电离能数据；
⑤ Vibrational electronic energies　振动及电子自旋共振谱；
⑥ Molecular weight　分子量。

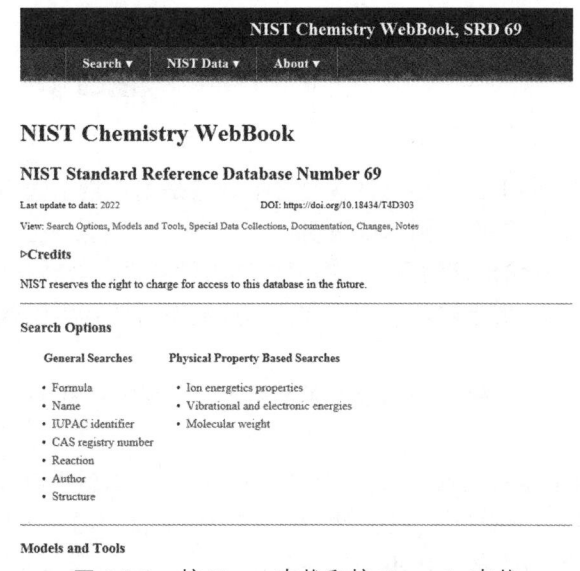

图 1.2.1　按 Name 查找和按 Formula 查找

---

* IUPAC 是国际纯粹与应用化学联合会的缩写（International Union of Pure and Application Chemistry），是化学界的权威机构，读者可以在网上搜索一下它的历史，由于与文献检索没有直接联系，这里就不讲述了。

（2）如按物质名称查找，则点击图 1.1.1 中的"Name"，得到图 1.2.2，然后在方框中输入物质名称（必须是物质的英文名称）；如按分子式查找，则点击图 1.1.1 中的"Formula"，得到图 1.2.3，然后在方框中输入物质的分子式。其中第二项要求选数据所用的单位，一般都选国际单位(SI)，故此项不要随便改动。

物质名称的输入一定是英文名称（包括英文俗名），有关化学物质的命名方法在 IUPAC 的命名标准中已经有详细说明，可以参阅化学手册，如兰氏化学手册[James G. Speight Lange's Handbook of Chemistry（16th Edition）]，这里不再重复。但在输入的时候应该先输物质的母体名称，再输取代基名称，二者用英文的逗号（不可是汉字的逗号）及一个空格隔开，如 2,3-二甲基丁烷的英文名称是"2,3-dimethylbutane"，则输入方式为"butane, 2,3-dimethyl"，直接输入标准名称，有可能找不到该化合物。

如果按分子式查找，要注意区分分子式字母的大小写，因为元素符号是区分字母大小写的。输入原子的顺序可以任意输入，但是最好是：先写碳，再写氢，其他元素按字母表顺序排列，因为最后查找结果的显示是按这个顺序显示的。如氯化铜，建议输入 Cl2Cu，乙酰胺最建议输入 C2H5NO，硫酸建议输入 H2O4S，最后查询结果也是这样显示的。

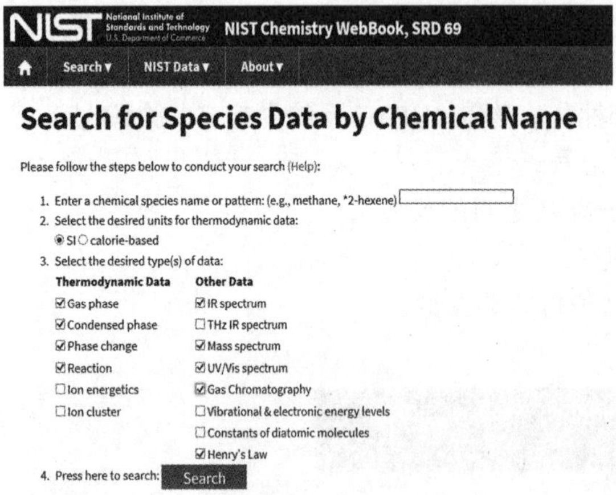

图 1.2.2　在方框中输入物质的英文名称 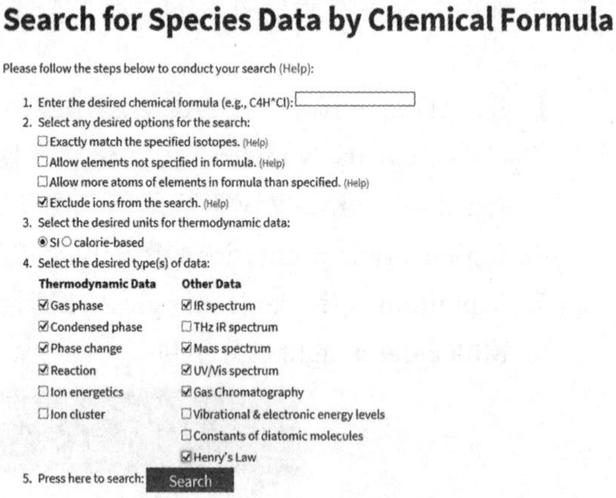　　　　图 1.2.3　在方框中输入物质的分子式

在图 1.2.2 及图 1.2.3 的下面，还有许多复选框，它是用来指示输出数据的，如选中，则表示要输出这方面的数据，下面分别加以说明。

① □Gas phase　表示输出该物质在气态时的热力学数据，查数据时最好选中此项。

② □Condense phase　表示输出该物质在固态或液态时的热力学数据，查数据时最好选中此项。

③ □Phase change　表示输出与相变有关的数据，如沸点、熔点、临界温度等数据，一般情况下最好选中此项。

④ □Reaction　表示输出该物质的化学反应的数据，在 NIST 资料库中每种物质至多收录了 50 个化学反应的热力学数据，但这些反应不是我们通常用的化学反应，而是离子、游离基、电子、质子之间的反应，故一般不要选中此项。

⑤ □Ion energies　表示该物质变成气态离子时的热力学数据，一般不要选中此项。

⑥ □IR spectrum　表示输出该物质的红外光谱，一般选中此项。但并不是每种物质都有

红外光谱，这种红外光谱的频率在 MHz 级（波长在红外区），一般的学校、研究所的红外光谱仪都是这个频率级别。

⑦ □THz IR spectrum 表示输出该物质的远红外光谱，一般不要选中此项，这种红外光谱的频率在 THz 级（波长在红外与微波之间），一般的学校、研究所没有这样高分辨的红外光谱仪。

⑧ □Mass spectrum 表示输出该物质的质谱，在一般的化学研究中它用得并不广泛，故一般不要选此项，而且也不是每种物质都有质谱，用单一质谱鉴定结构一般也很少使用。

⑨ □UV/Vis spectrum 表示输出紫外光谱/可见光谱，在化学中它是用来鉴定官能团的，故一般选中此项，但 NIST 资料库中绝大多数物质都查不到此项内容。

⑩ □Vibrational & electronic energy level 振动及电子能谱，这在鉴定分子的微观结构上很有用，一般的化学研究很少使用，故不要选中此项。

⑪ □Constant of diatomic molecule 与双原子分子有关的常数，如力常数、振动基频等，这仅在结构化学中很有用，一般不要选中此项。

⑫ □Henry's law 亨利定律常数，这在化工中有很多应用，故选中此项，但大多物质的亨利常数查不到。

（3）上述工作完成后，点击"Search"按钮即可，查到的内容一般很多，需用滚动条移动查看，如图 1.2.4，显示的就是乙酰胺的数据，由于有同分异构现象，C_2H_5NO 有 5 个异构体，只有第一个是乙酰胺。

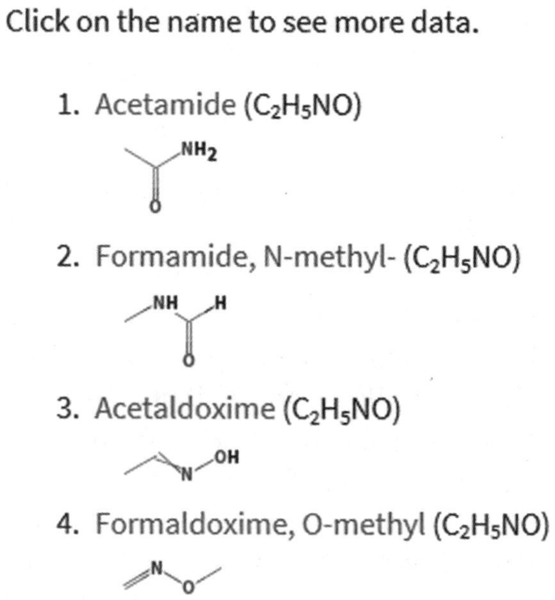

Click on the name to see more data.

1. Acetamide (C_2H_5NO)
2. Formamide, N-methyl- (C_2H_5NO)
3. Acetaldoxime (C_2H_5NO)
4. Formaldoxime, O-methyl (C_2H_5NO)

图 1.2.4 乙酰胺的部分查询结果

这就是说即使知道了分子式，最终还是必须知道物质的名称或结构才能找到需要的物质的数据，因此建议使用物质的英文名称查找。

点击第一个化合物，得到乙酰胺的数据，如图 1.2.5。

Gas phase thermochemistry data

Go To: Top, Condensed phase thermochemistry data, Phase change data, IR Spectrum, Mass spectrum (electron ionization), Gas Chromato

Data compilation copyright by the U.S. Secretary of Commerce on behalf of the U.S.A. All rights reserved.

Data compiled by: Hussein Y. Afeefy, Joel F. Liebman, and Stephen E. Stein

Quantity	Value	Units	Method	Reference	Comment
$\Delta_f H°_{gas}$	-238.33 ± 0.78	kJ/mol	Ccb	Barnes and Pilcher, 1975	

Condensed phase thermochemistry data

Go To: Top, Gas phase thermochemistry data, Phase change data, IR Spectrum, Mass spectrum (electron ionization), Gas Chromatography,

Data compilation copyright by the U.S. Secretary of Commerce on behalf of the U.S.A. All rights reserved.

Data compiled as indicated in comments:
ALS - Hussein Y. Afeefy, Joel F. Liebman, and Stephen E. Stein
DH - Eugene S. Domalski and Elizabeth D. Hearing

Quantity	Value	Units	Method	Reference	Comment
$\Delta_f H°_{solid}$	-315.6 ± 0.82	kJ/mol	Ccr	Nurachmetov, Beremzhanov, et al., 1985	see Nurakhmeta, Beremzhanov, et al., 1984; *ALS*
$\Delta_f H°_{solid}$	-310.1	kJ/mol	Ccb	Ciocazanu, Dogaru, et al., 1976	*ALS*
$\Delta_f H°_{solid}$	-316.99 ± 0.70	kJ/mol	Ccb	Barnes and Pilcher, 1975	*ALS*
Quantity	Value	Units	Method	Reference	Comment
$\Delta_c H°_{solid}$	-1186.03 ± 0.82	kJ/mol	Ccr	Nurachmetov, Beremzhanov, et al., 1985	see Nurakhmeta, Beremzhanov, et al., 1984; *ALS*
$\Delta_c H°_{solid}$	-1191.5	kJ/mol	Ccb	Ciocazanu, Dogaru, et al., 1976	*ALS*
$\Delta_c H°_{solid}$	-1184.60 ± 0.69	kJ/mol	Ccb	Barnes and Pilcher, 1975	*ALS*

图 1.2.5 乙酰胺的部分数据

在 NIST 化学资料库中通常可找到下列数据：结构式，IUPAC 名称，通俗名称（Trivial name），等压热容（Heat capacity of constant pressure），Antione 方程常数（Antione equation constant, A、B、C），蒸气压（Vapor pressure），标准生成焓（$\Delta H_f^\ominus$, Standard formation enthalpy），标准生成自由能（$\Delta G_f^\ominus$, Standard formation free energy），沸点（T_{boil}, Boiling point），熔点（T_{fus}, Fusing point），三相点（T_{triple}, Triple point），临界温度（T_c, Critical temperature），临界压力（P_c, Critical pressure），红外光谱（IR spectrun），质谱（Mass spectrum），紫外/可见光谱（Ultraviolet spertrum/Visible spectrum），蒸发焓（ΔH_{vap}, Vaporization enthalpy），标准熵（$S^\ominus$, Standard entrospy），气相离子或游离基的化学反应的平衡常数（Equilibrium constant），离子化能（Ionization energy）。

最后，从 NIST 查到的任何数据，除了有数值、单位外，还提供了数据的测量方法（Method）、参考文献（Reference）、注意事项、数据提供者的姓名或机构名（Comment），所有光谱图都有测量者或机构（Origin）。这些方法、文献都是专家级化学工作者长期从事本专业工作中获得的，因此数据是非常可信的。唯一的不足就是收录的化合物目前还较少，很多常数查不到（如弱酸的电离常数）。

如果浏览 NIST 的官方网站 http://www.nist.gov，还可以浏览到很多其他数据，如元素的光谱图、最新材料科学发展动态的研究论文、动力学常数等。

1.3 NIST Chemical Kinetics Database

1.3.1 NIST Chemical Kinetic Database 简介

美国国家标准与技术研究院的 NIST Chemical Kinetic Database 是查阅化学反应动力学数据的，主要提供阿累尼乌斯（Arrenhius）活化能公式中的数据，要特别注意数据的单位。以乙烷脱氢反应中的一个反应为例，查到的活化能 E_a = 283 kJ/mol，反应级数为 2，指数前因子 A = 3.80E-7（就是 $3.80×10^{-7}$），修正项的系数 $n = 0$，二级反应中 NIST 的单位是 $cm^3/(molecule \cdot s)$（molecule 就是摩尔 mole），但是中国的教科书中二级反应速率常数的单位都是 $L/(mol \cdot s)$，因此要进行单位的换算。例如，要计算温度 T = 2000 K 的速率常数 k，代入查到的阿累尼乌斯公式（Arrenhius）计算得到 $k = 3.8×10^{-7} e^{\frac{-283}{8.314×10^{-3}×2000}} = 1.543×10^{-14}$ $cm^3/(molecule \cdot s)$ = $1.543×10^{-17}$ $L/(mol \cdot s)$ = $1.543×10^{-17} ×1000×8.314×2000 = 2.566 × 10^{-10}$ $Pa^{-1} \cdot s^{-1}$。

1.3.2 查阅方法

要查阅乙烷脱氢生成乙烯的反应活化能，由于反应需要催化剂，因此，使用的催化剂不同，活化能的数值就不同，整个阿累尼乌斯公式所有的数值都不同。

操作步骤如下：

（1）在搜索引擎（如百度、搜狗、华为浏览器，其他的也可以）中直接输入"NIST Chemical Kinetics"，搜到的内容非常多，但是只有网址是"https://kinetics.nist.gov"才是唯一正确的，必须找到（或者直接在任何浏览器的地址栏中输入这个网址）。点击之后出现如图 1.3.1 的画面。

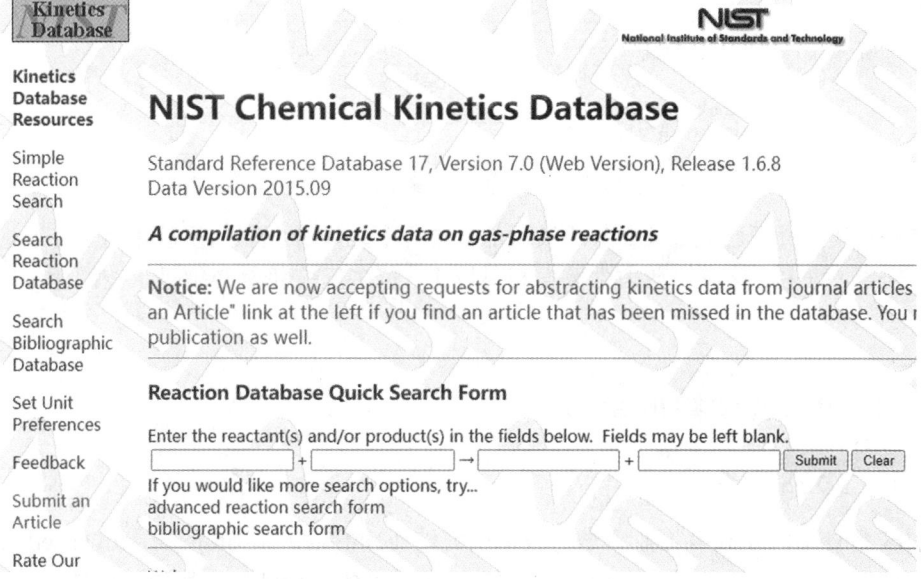

图 1.3.1　NIST Chemical Kinetics 输入化学反应

（2）在反应物方框中输入 C2H6，在产物方框中输入 C2H4、H2，点击按钮"Submit"，得到如图 1.3.2 的查询结果。

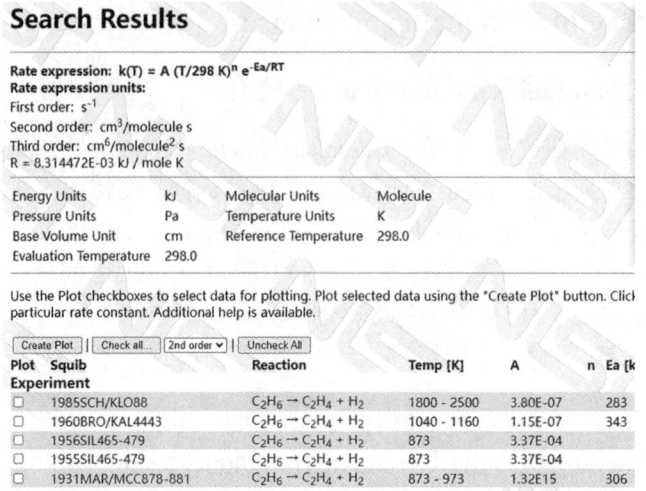

图 1.3.2　乙烷脱氢反应动力学数据查询结果（仅部分截图）

如果化学反应的反应物或生成物不止两种，则可以点击图 1.3.1 中的高级检索（Advanced reaction search from），然后点击弹出框进行选择，如图 1.3.3 中画圈部分，然后点击"Submit Search"进行查询。

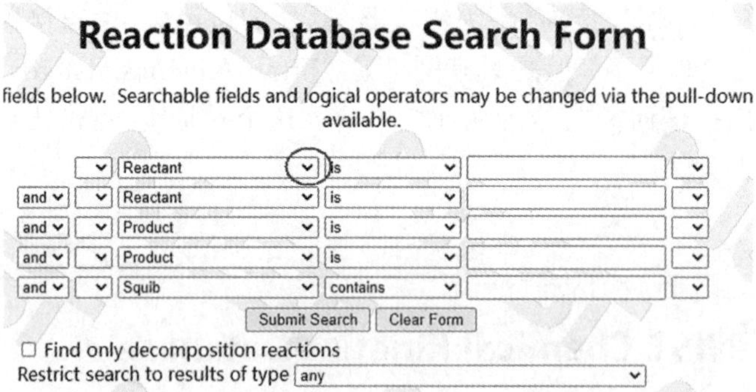

图 1.3.3　NIST 动力学数据的高级检索

NIST 的其他资源已经在 1.2 节的最后部分进行了简单介绍，这里就不重复了。应该注意到，NIST 收录的化学反应的动力学数据相对较少，很多反应还是必须手工查阅化学手册才能找到。

1.4　SDBS 光谱数据库

1.4.1　SDBS 简介

SDBS 是日本国立高级工业科学与技术研究院（National Institute of Advanced Industrial Science and Technology，AIST）建立的，提供免费地查询有机化合物的 6 种波谱：EI-MS、FT-IR、^{1}H NMR、^{13}C NMR、Raman 和 ESR。该网站能查到很多物质在不同溶剂中的红外光谱、核磁共振谱（包括 ^{13}C NMR 和 H NMR）、拉曼光谱（Roman 光谱）、电子自旋共振谱（ESR）及结构式。

1.4.2 操作步骤

（1）在地址栏中输入网址 http://www.aist.go.jp/RIODB/SDBS/menu-e.html，即可看到如图 1.4.1 的画面，当前也可以通过浙江大学图书馆的免费链接 http://riodb01.ibase.aist.go.jp/sdbs/cgi-bin/cre_index.cgi?lang=eng 访问，如果在搜索引擎上直接搜索"SDBS 光谱数据"，可能找不到，因为这个资源是日本政府建立的，原文都是日语。

然后点击"Search compounds/Search NMR & MS/Display spectra"。

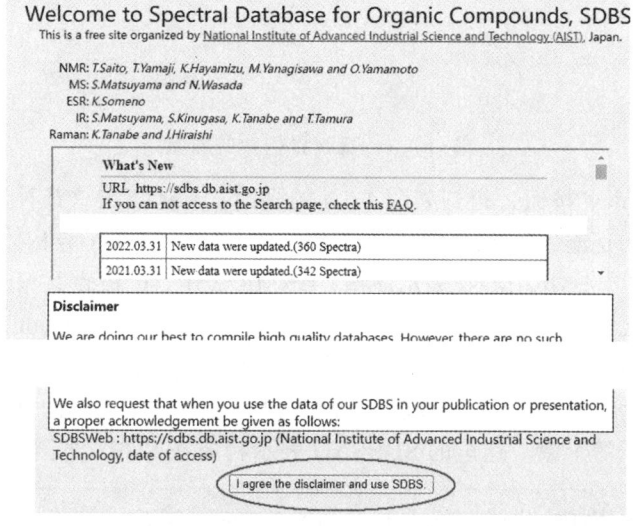

图 1.4.1　SDBS 网站首页

（2）这里提供了多种查找方式，但最常用的只有两种：按化合物名称查找（在"Compound Name"中输入英文名称），按分子式查找（在"Molecular Formula"中输入分子式），如图 1.4.2。有关输入的注意事项：先写碳，再写氢，再写氧，其他元素按元素符号的字母顺序输入。一般不要同时输入名称和分子式。

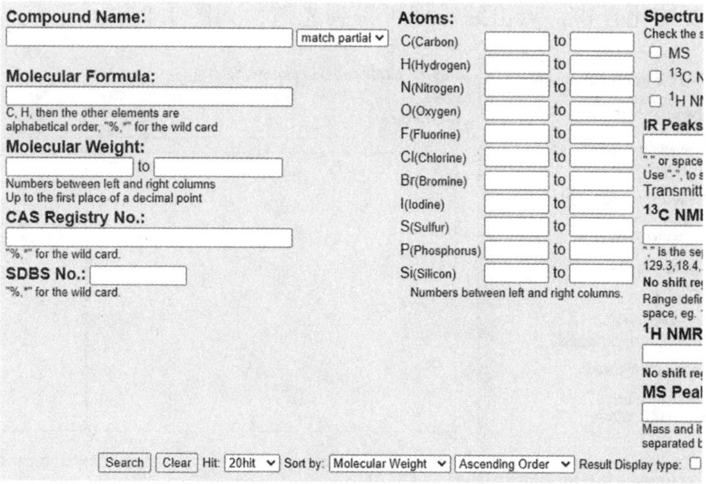

图 1.4.2　输入分子式或名称

其他查阅方法极少使用，这里不介绍。

然后点击"Query"按钮，即得查询结果，如图 1.4.3。其中"Hit Number"表示该分子式有多少个异构体，如显示 0，表示该分子式对应的物质未找到，查询失败。

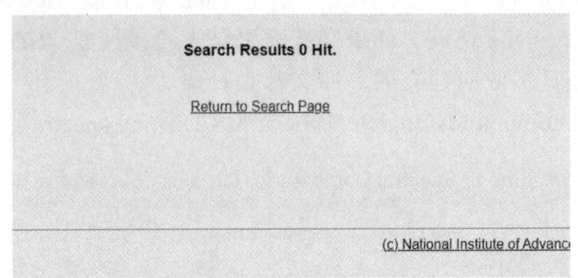

图 1.4.3　查到异构体的数量

（3）点击"Display"按钮，得到如图 1.4.4 的画面，具体指出这几种异构体的名称及各种光谱是否找到。本例是输入分子式 C_4H_8 的查询结果，它共有 4 个异构体，它们的 IUPAC 名称分别列于最后一栏。这里，Mass 表示质谱，CNMR 表示 ^{13}C 核磁共振谱，HNMR 表示核磁共振氢谱（即有机化学中常用的 NMR 谱），IR 表示红外光谱，Raman 表示拉曼光谱，ESR 表示电子自旋共振谱，N 表示该光谱没有找到，Y 表示找到。如 8087 号化合物是顺-2-丁烯（*cis*-2-butene），质谱没有找到，核磁共振氢谱找到了。C、H、O、N 分别表示碳原子、氢原子、氧原子、氮原子的个数。这里的 SDBSNO 表示物质在 SDBS 光谱数据库中的编号。

SDBS No	Molecular Formula	Molecular Weight	MS	CNMR	HNMR	IR	Raman	ESR	Compound Name
8087	C4H8	56.1	N	N	Y	N	N	N	cis-2-butene
8088	C4H8	56.1	N	N	Y	N	N	N	trans-2-butene
8836	C4H8	56.1	N	N	Y	N	N	N	cyclobutane
9264	C4H8	56.1	N	N	N	N	N	Y	2-methylpropene

图 1.4.4　查询的指示

（4）找到需要的化合物，点击编号即可得到光谱，如图 1.4.5。

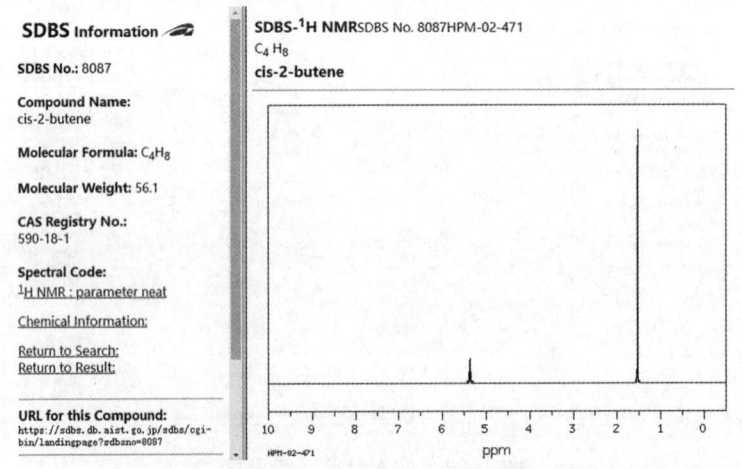

图 1.4.5　顺-2-丁烯（*cis*-2-butene）的核磁共振氢谱

同样，这个网站收录的化合物的光谱相当多，但是还是有很多化合物的光谱找不到，仍然需要手工查文献。

1.5　有机合成手册（www.orgsyn.org）

1.5.1　网站简介

网站的首页已经详细介绍了手册的历史、适用的范围、适用的人员。它是美国的期刊有机合成（*Organic Syntheses*）的网络版。期刊成立于1921年，从1998年开始在网上免费公开发行，后来这个期刊加入了美国化学协会。在这个期刊上发表的研究论文全部经过了权威机构的重复实验，因此非常可靠，一定能做出来的。由于重复实验需要的时间很长，因此这里面的论文一般不是最新技术的展示，但一定是最可靠、最值得信赖的有机合成论文。更多详细的情况可以在这个网站中找到，在菜单"About OrgSyn"→"History of OrgSyn"下。

1.5.2　查阅方法

如果已经知道了物质的IUPAC名称或英文的通俗名称，想找到合成的方法，例如，要查找1,2-环己烷二羧酸（1,2-cyclohexanedicarboxylic acid）的合成方法，操作步骤如下：

（1）进入网站可以看到首页中的注意事项，它主要是提醒不懂化学的人不要访问该网站，以及该网站的历史、现状，同时还显示最近一期发表的几篇论文。查阅时可不看这些内容，直接找到"Start Search"按钮进入下一页，如图1.5.1。

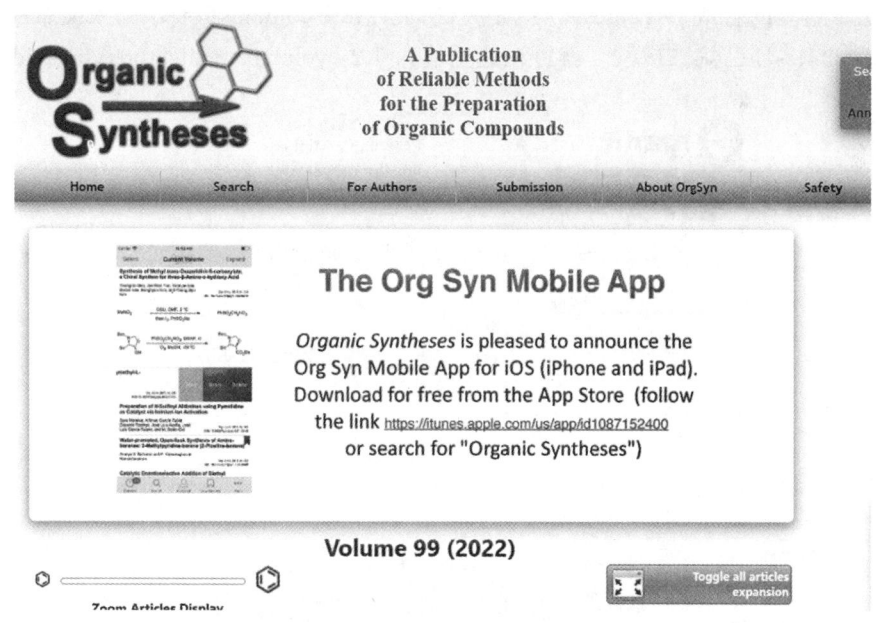

图1.5.1　有机合成网站首页

（2）之后可以看到如图1.5.2的画面，它要求输入职位（Position）、组织的类型（Organization）及所在的州（Continent），可以任意选择，然后点击"Submit Survey and Begin Searching"按钮进入查询阶段。

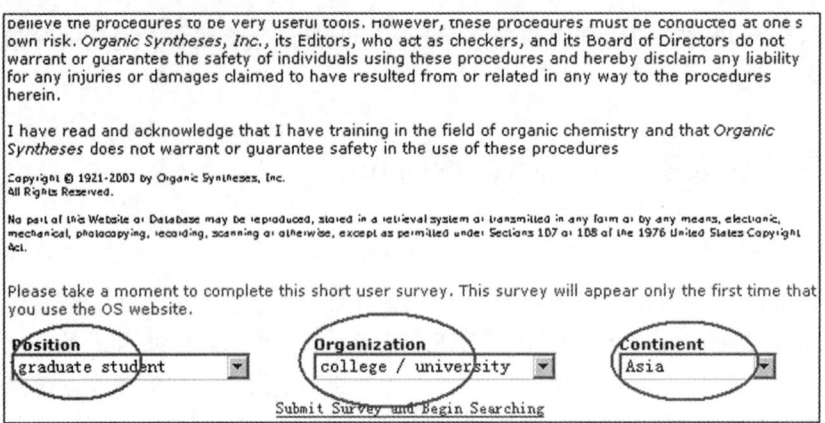

图 1.5.2　输入个人信息（职位、单位类型、州）

（3）之后可以看到如图 1.5.3 的画面，要求输入相关内容，下面分别说明。"Search for articles containing this phrase anywhere"，如果在这里输入了内容，那么在论文的全文中只要包括了输入的内容，相关的文章就会显示出来。"and molecular formula"，要求输入被查找物质的分子式，输入方式应该是先输入碳，再输入氢，再输入氧，其他元素按字母表排列，如乙酰胺 C_2H_5ON。"chemical name contains" 要求输入物质的名称，这里找的是在全文中如果包括了输入的内容，就认为是合理的。"Chemical's CAS RN"，要求输入该化合物在美国化学文摘（CA）中的登记号，这在一般的文献查阅中没有用过，这里就不讲了。"Index term containing" 要求输入索引关键词，如 1,2-环己烷二羧酸（1,2-cyclohexanedicarboxylic acid）的合成方法，这里的合成（synthesis）就是关键词。"title contains" 要求输入文章的标题含有的关键词，如 1,2-环己烷二羧酸，就可在这里输入 1,2-cyclohexanedicarboxylic acid。

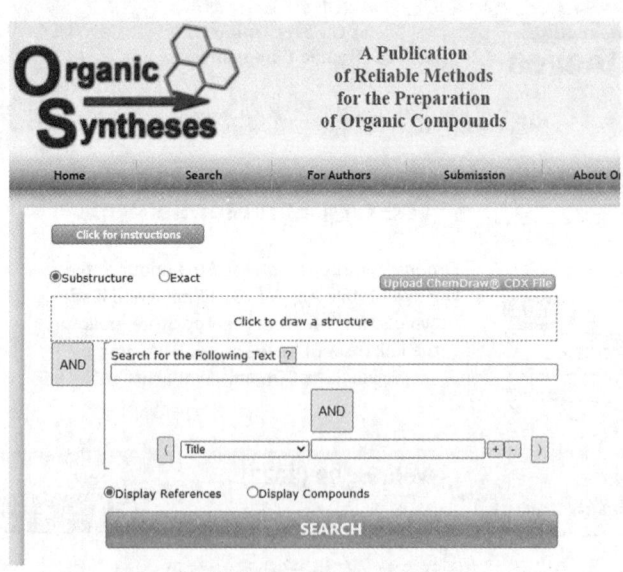

图 1.5.3　输入要查询的内容

其次还可以输入："author's name containing" 作者姓名，一般的文献查询很少使用；"Collective volume"，累积卷号；"starts on collective volume page"，累积卷的页码；"annual volume”每一年的卷号；“starts on annual volume page”，年卷号的起始页码。这些在实际查询中几乎没有使用过。

现在要找的化合物是 1,2-环己烷二羧酸（1,2-cyclohexanedicarboxylic acid），如果直接在论文的标题（Title contains）中输入英文名称，结果无法找到，这是因为还没有人以这种化合物作为最终的合成目的来研究，它可能是一种中间体；可在全文中搜索（Search for articles containing this phase anywhere），结果搜索到很多论文，其中有一篇是关于 4-环己烯-1,2-二羧酸乙酯（ethyl 4-cyclohexene-1,2-dicarboxylate）作为原料的合成方法，如图 1.5.4（只截取了一部分），然后重新在全文中搜索 4-环己烯-1,2-二羧酸乙酯（ethyl 4-cyclohexene-1,2-dicarboxylate）的合成方法，也找到非常多的论文，其中有一篇是合成 4-环己烯-1,2-二羧酸乙酯，如图 1.5.5。阅读原文发现，起始原料都有合成方法或供应商的。

Arthur C. Cope and Elbert C. Herrick
Org. Synth. **1950**, *30*, 29
DOI: 10.15227/orgsyn.030.0029

Collapse| PDF| Rich HTML

e-1,2-dicarboxylic acid, diethyl ester, cis-, and **1,2-cyclohexanedicarboxylic acid**, diethyl ester, cis-] Submitted by Arthur C. Cope...drate(6192-52-5) Diethyl cis-hexahydrophthalate, **1,2-cyclohexanedicarboxylic acid**, diethyl ester, cis-(10138-59-7) 4-Cyclohexene-1,2...

图 1.5.4　1, 2-环己烷二羧酸乙酯合成方法

Organic Syntheses, Coll. Vol. 4, p.304 (1963); Vol. 30, p.29 (1950).

DIETHYL *cis*-Δ⁴-TETRAHYDROPHTHALATE AND DIETHYL *cis*-HEXAHYDROPHTHALATE

[4-Cyclohexene-1,2-dicarboxylic acid, diethyl ester, *cis*-, and 1,2-Cyclohexanedicarboxylic acid, diethyl ester, *cis*-]

Submitted by Arthur C. Cope and Elbert C. Herrick[1].
Checked by Charles C. Price and George A. Cypher.

1. Procedure

A. *Diethyl cis-Δ^4-tetrahydrophthalate.* In a 2-l. round-bottomed flask are placed 228 g. (1.5 moles) of *cis*-Δ^4-tetrahydrophthalic anhydride (p. 890), 525 ml. (9 moles) of commercial absolute ethanol, and 2.5 g. of *p*-toluenesulfonic acid monohydrate. The flask is connected to a reflux condenser and heated in an oil bath maintained at 95–105° for 12–16 hours.

At this time 270 ml. of toluene is added to the mixture and the condenser is changed for distillation

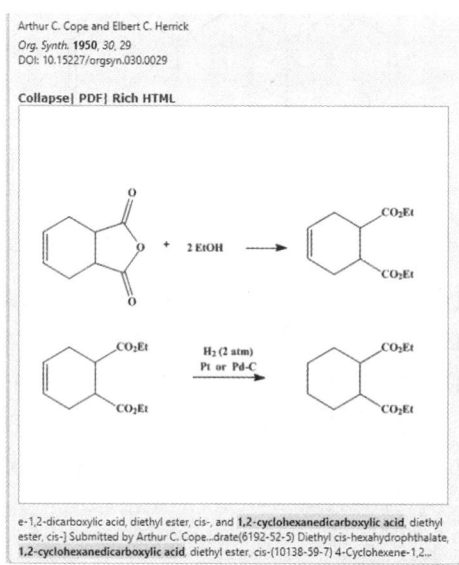

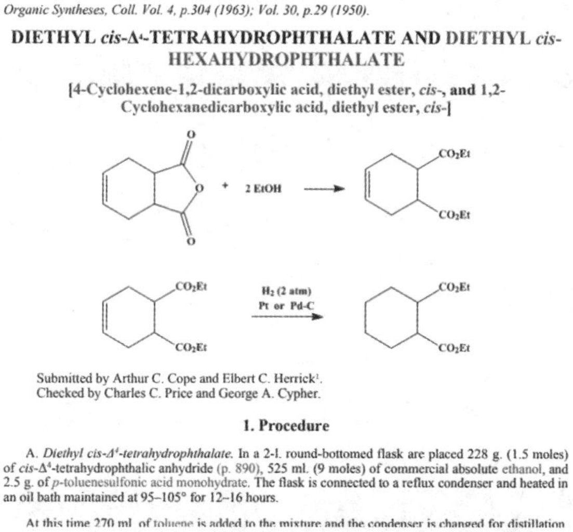

图 1.5.5　4-环己烯 1,2-二羧酸乙酯合成方法

要下载原文，只需点击"PDF"标志就可将论文保存为 PDF 的文档。可以修改文件名，当然计算机或手机必须安装 Adobe Acrobat Reader，目前的版本是 V2.0.0.1。

查阅方法的例子是查氮气的保护操作，这可在"Search for articles containing this phrase anywhere"中输入"protecting gas"，再在"index term containing"中输入"nitrogen"（氮气）即可。

有很多物质很难用 IUPAC 的规则命名，只知道结构式，或者名称太复杂，失去输入文本的意义。因此这个网站不仅支持上述文字查询，还支持图形查询，例如，要查询图 1.5.6 所示蒽醌类的化合物，化合物名称很复杂，用名称查询不方便，通过结构式查询更方便。

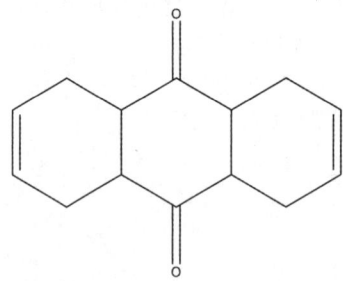

图 1.5.6　1,4,5,8,11,12,13,14-八氢-9,10-蒽醌（1,4,5,8,11,12,13,14-octahydro-9,10-anthraquinone）

结构式的绘制需要下载 ChemOffice 软件（目前的版本是 17.0），其中有一个 ChemDraw 工具专门用来画物质的结构式、实验装置图，估算物质的物理化学常数，利用这个软件将结构式画出来（不能在网上下载任何图形文件或截图，因为它们的格式都不是 cdx 类型的文件），文件的默认格式是 cdx 文件，然后点击"Upload ChemDraw@ CDX File"按钮，上传到网站中，也可以点击"Click to draw a structure"自己画结构，如图 1.5.7。

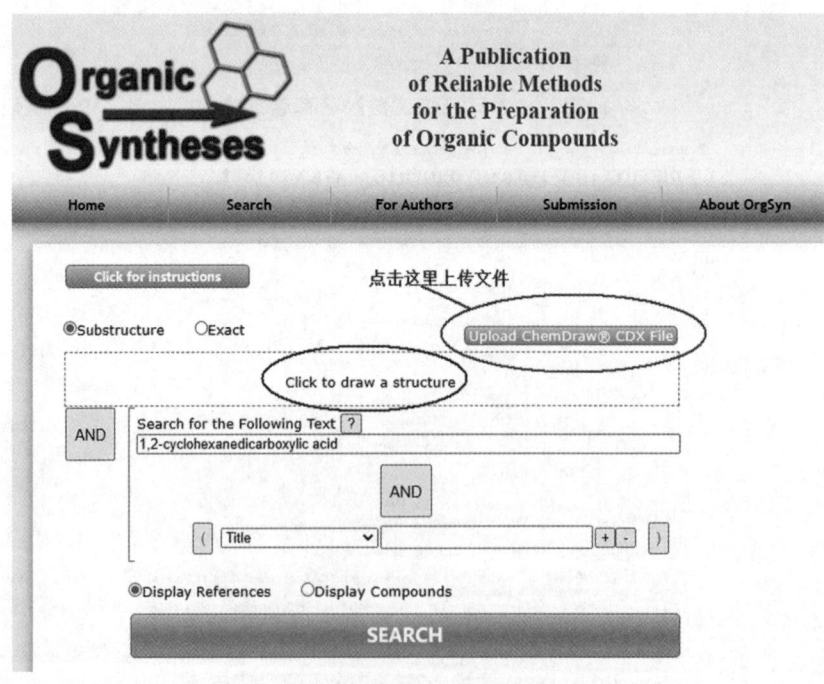

图 1.5.7　输入结构式

如果所画的结构式是正确的（这个软件需要专门学习，否则容易画错，在很多时候即使画错了也很难发现），则会导入当前的画面中，如图1.5.8，点击"查询"。

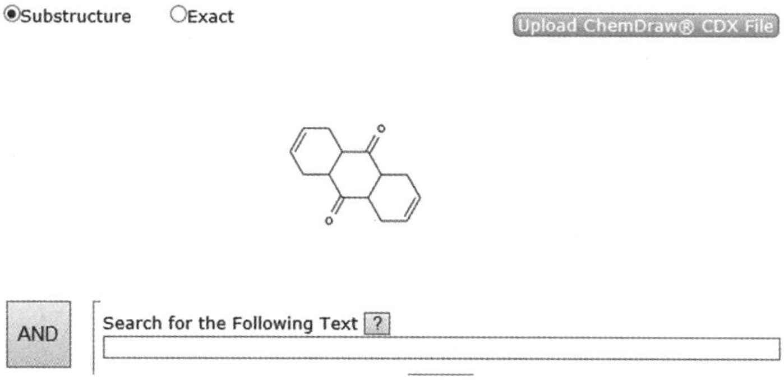

图 1.5.8　导入的结构式

有机合成手册网站中有机物的合成是非常复杂的研究成果，教科书上有机物合成的作业题由于过于简单，一般在这个网上也是查不到的。

除此之外，中国科学院成都有机化学研究所（http://www.cioc.ac.cn）也可以查到部分复杂有机物的物性常数（在"产品展示"栏目中）；南开大学的有机化学国家重点实验室（http://skleoc.nankai.edu.cn）可以找到最新的有机合成技术摘要（在"最新研究成果"栏目中）。

如果用搜索引擎搜索，会发现非常多的化学、机械等自然科学的数据库，但是，必须注意，这些数据库不是权威机构发布的，也没有任何人核实这些数据的真实性、可靠性、科学性，也不知道作者是谁，很多都是转载、链接，因此，不建议在这些网站上直接搜索数据。当然，利用搜索引擎搜索的数据，然后再去核实是可行的。

1.6　网上下载手册

随着网上支付的普及，只需要支付少量的费用就可以下载很多中英文手册，例如，下面的手册很容易在搜索引擎中搜索到，支付10~20元的费用，就可以下载。

1.6.1　Perry化学工程师手册（上、下册）（第六版）

该手册是很有影响力的化学、化工参考书。本书上册第一章第三部分很多数据，如溶解度、热容、溶度积、扩散系数等，读者可亲自体会，很多数据在网上目前还不能查到，而在该手册中报道十分全面。另外，本手册还能查到化工中常用的设备及化工设计中常用的方法，如"传热设备"部分就列出了常用的传热设备，如列管式热交换器的类型、规格；又如在"热传递"中列出了壁温的计算方法，这些内容在互联网上查不到。

本书分为6大部分25个分部。第一部分包括数学原理，如误差统计学的公式、数学中的微积分公式、化学中常用的误差处理方法等；第二部分包括流体学的原理、固体的输送方法等，这些在化工原理及工程设计中经常使用；第三部分为热的发生和传递，介绍了常见的热传递的设备及工作原理、规格、使用范围及设计计算方法；第四部分为扩散操作原理，介绍常用的气体吸收设备、吸收剂、萃取方法及萃取剂、离子交换树脂等；第五部分涉及各种多相平衡及恒沸溶液；第六部分讨论了化工中常用的材料及参数。

1.6.2 CRC 化学和物理手册（CRC handbook of chemistry and physics）

该手册由美国化学橡胶公司出版，每年修正一次并重新出版，目前已出版 66 次，这也是在化学界很有影响力的英文的化学手册，它几乎涉及化学的每一领域，可以查到任何物理、化学常数，而且化合物的名称是按 IUPAC 的规则命名的，因此查阅很方便。目前很多化学文献及教科书中的常数均来自本手册。

本手册分为 6 大部分：A 部分列出了常用的数学公式，如常用的微分、积分公式，解微分方程常用的方法等；B 部分列出了周期表中所有元素的物理化学性质及它们重要的无机化合物，如元素的电子构型，元素的发现历史，化合物的分子量、折光率、密度、沸点、在各种溶剂中的溶解度，放射性元素对人体的影响数据等，共收录 2000 种无机化合物；C 部分涉及有机化合物，共收录常见的有机化合物近 20 000 种、1500 种有机金属化合物，且按 IUPAC 规则命名，同时还收录了许多高分子化合物、塑料、树脂；D 部分包括共沸溶液、蒸气压数据、热力学数据；E 部分包括物理常数，如导热系数、介电常数、偶极矩、折光率、X 光数据，这些在化学的理论研究中很有价值；F 部分包括常用材料的硬度、比重，界面的表面张力系数、黏度，物质的临界温度、临界压力等。

目前，该手册在网上付费后可以查询，但只对团体开放，个人用户还不能付费查询。

1.6.3 其他化学手册

下列手册在学生的毕业设计中可能会经常使用：

化学工程手册（上、下卷，第二版）	化学工业出版社
实用精细化学品手册（有机卷）	化学工业出版社
化工安全技术手册	化学工业出版社
英汉精细化学品词典	北京理工大学出版社
化学危险品最新实用手册	中国物资出版社
无机盐工业手册（上、下册）	化学工业出版社
精细化工配方	化学工业出版社
化工产品手册（涂料）	化学工业出版社
化工产品手册（有机化工原料）	化学工业出版社
实用环境保护数据大全	湖北人民出版社
三废处理工程技术手册	化学工业出版社手册
环境风险评价实用技术手册	中国环境科学出版社
有机化合物制备手册	天津科技翻译出版社
分析化学手册（共 8 册）	化学工业出版社
橡胶工业手册	化学工业出版社
胶粘剂应用手册	化学工业出版社

这些手册的查阅非常简单，只需看手册的目录就可完成，手册中还可以查到相关的国家标准。

值得注意的是：随着学科之间交叉的深入，文献的查阅不局限在某个学科，例如查阅钢铁的化学组成及相图的文献，可在机械领域和采矿领域的文献中找到，又如查阅 SO_2 的物理化学性质，还可在环境科学的手册中找到。所以学生在查阅手册时不要把思维固定在某个领域，要广开思路，扩大文献查阅的范围。要做到这一点，就需要多查文献，不断积累经验。

1.7 化学元素网站（http://www.webelements.com）

该网站由英国谢菲尔德大学（University of Sheffield）主办，它不仅仅介绍元素周期表中每个元素的性质，还包括它们的简单化合物、元素名称的发现过程及名称的来历。进入网站首页，就可看到元素周期表，如图 1.7.1，点击每一种元素就可看到该元素的基本性质。

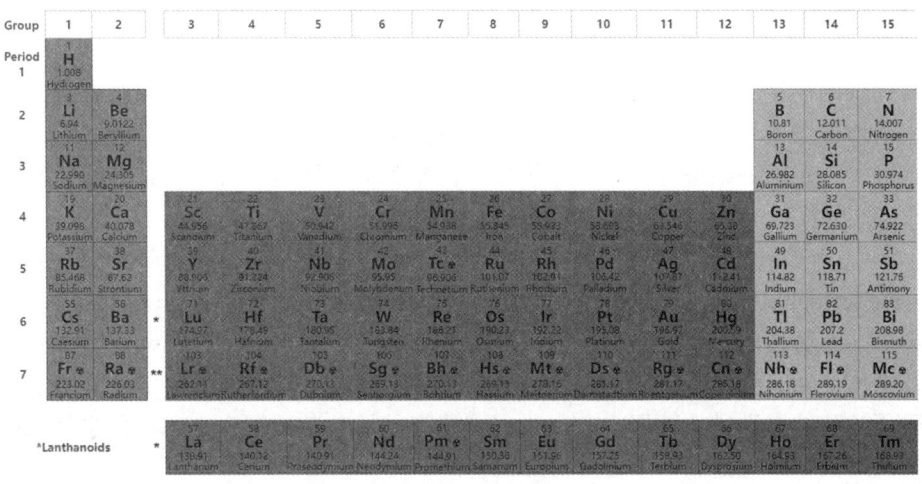

图 1.7.1　元素周期表（部分）

查阅方法非常简单，只需要点击图 1.7.1 中的元素符号就可以了。例如点击锰元素，就可看它他的原子序数（Atomic number），如图 1.7.2 所示，点击"More properties"可以看到的性质有：物理性质 Physical properties、电子层构型 Electron shell data、各种原子半径 Atom sizes、电负性 Electronegativity、同位素及核磁共振谱 Isotope and NMR、晶体数据 Crystal structure、热化学数据（主要是热力学的相关数据）Thermochemistry、元素来历 History、地理分布数据 Geology、生物学数据 Biology、元素的二元化合物（这里只有很少的一部分）Binary compounds、单质的化学反应（只有很少的一部分）Element reaction。

图 1.7.2　锰元素（Mn）的性质

该网站还有很多其他信息，如元素的电势图、原子光谱等，这里就不讲了，可以直接上网查询，当然研究人员必须精通专业英语，不建议用翻译软件。

1.8　正确使用搜索引擎

如果是第一次学习查科技文献，可能会疑惑以上网站是怎样首次发现的。实际上，首次发现都是利用搜索引擎。这里以百度搜索为例进行说明，在网站中输入"化学"可找到几千个与化学有关的网站，而且还有许多新的化学内容出现。例如，可在其中找到"化学品电子手册"，可以将它下载下来安装到自己的电脑上；又如输入"机械"，同样可以发现几千个链接，这就需要一个一个地访问，按照 0.5 节的原则分析是否正确、可靠、权威。也就是说，百度搜索提供的链接不能作为最终可利用的数据，只能作为信息的来源，然后自己去核实，这才是正确地使用搜索引擎的方法。又如，若想知道"抑郁症"的患病原因，百度提供的原因不能直接作为正确的结果，一定要用可靠的医学方面的资料进行核实，用科学理论分析。

在百度文库中，可以搜到下列网站非常可靠，例如，美国赛默飞世尔科技公司（http://www.fishersci.com）*；美国 Scripps 研究所提供的药物分子数据库（http://www.scripps.edu）；全球知名药品企业或经销商（http://www.pharmacy.org）（但是目前没有收录中国的著名制药企业，如中国的药友制药）；生物合成（http://www.clarivate.com）；蛋白质数据库（http://www.rcsb.org）。此外，我国的国家基因组科学数据中心提供的基因数据，中国科学院的海洋科学数据中心提供的我国海域的基础数据，上生物信息技术研究中心提供的蛋白质数据库也是非常丰富且可靠的。

无论哪个网站，都有机构组织名称、地址、联系方式，例如上面提到的美国 Scripps 研究所的网站首页，可以看到组织名称（Scripps Research）、地址（10550 North Torrey Pinces Road La Jolla, CA 92037）、联系方式或联系人（858-784-1000），如图 1.8.1 所示。

图 1.8.1　正规网站的机构名称、地址、联系方式、信息来源

同时数据的来源也非常清楚，例如，按顺序点击"Science & Medicine → Disease Area & Medicine → Cancer"，可以找到很多最新的制药方面的新闻。图 1.8.2 就是其中之一，可以发现这篇报道有作者 Peng Wu 的详细信息及研究领域（点击姓名就可以看到，这里省略），该报道发表在 *Cell* 这本期刊上（点击 *Cell* 就可以看到期刊的详细信息），同时还有发表的时间。相反，在搜索引擎上直接找的数据就没有这些信息，如图 1.8.2，这些数据不可信，不能直接

---

* 机构的中文名称由本书作者翻译，下同。

引用。这是必须注意的。

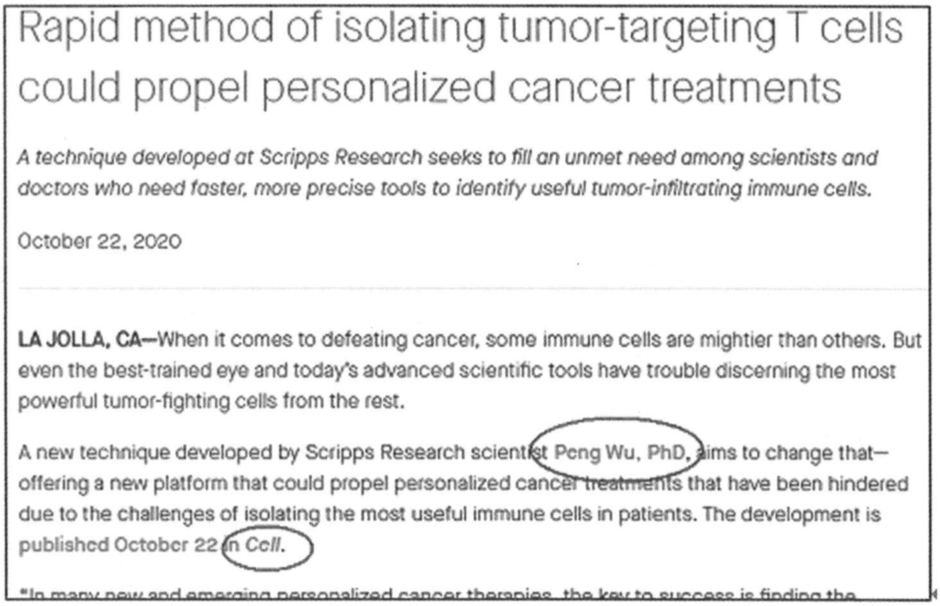

Rapid method of isolating tumor-targeting T cells could propel personalized cancer treatments

A technique developed at Scripps Research seeks to fill an unmet need among scientists and doctors who need faster, more precise tools to identify useful tumor-infiltrating immune cells.

October 22, 2020

LA JOLLA, CA—When it comes to defeating cancer, some immune cells are mightier than others. But even the best-trained eye and today's advanced scientific tools have trouble discerning the most powerful tumor-fighting cells from the rest.

A new technique developed by Scripps Research scientist Peng Wu, PhD, aims to change that—offering a new platform that could propel personalized cancer treatments that have been hindered due to the challenges of isolating the most useful immune cells in patients. The development is published October 22 in *Cell*.

"In many new and emerging personalized cancer therapies, the key to success is finding the

图 1.8.2　Scripps Research 研究所的一篇报道

1.9　网上检索数据的局限性

当前，互联网虽然已渗透到日常生活的各个领域，但在自然科学中的应用还有很大差距，许多数据在网上还不能查到，或者数据不完整，或者要付很高的费用；网上提供的数据信息往往是纸质出版很长时间后才能在网上免费查到，信息的更新非常慢。例如，在网上查《兰氏化学手册》（*Lang's handbook of chemistry*），目前在网上可以查到的是第 16 版，而这本手册每年都在更新，目前已经是 34 版。网上查阅数据只是提供了便捷的查询方式，但是若想仔细阅读并不方便（特别是进行内容之间的比较时）；相反，阅读印刷版的材料优势更多。这就是说手工查阅仍然非常必要，不能废除，网上查数据还不能完全代替手工查阅。

思考题

1. 在 NIST Chemistry Webbook 中查找吲哚（Indole）的物理化学常数，然后在搜索引擎上同样进行搜索，比较结果的差异。如果数据存在很大差异，超出了实验误差的范围，应该相信哪个结果？说明原因。要特别注意查到的光谱数据。

2. 在 SDBS 光谱数据库中查找吲哚（Indole）的各种光谱图，然后与 NIST Chemistry Webbook 的结果进行比较，如果在搜索引擎上也能找到，同样可以进行比较。

3. 在 Organic Syntheses 中查找吲哚（Indole）的合成方法，然后在搜索引擎上同样进行搜索，比较结果的差异。注意要从合成方法的种类、合成的原料、药品的质量要求进行比较。用 ChemOffice 软件画出吲哚的结构式，然后分别用结构式、文本进行查找，二者结果有差异吗？

4. 用分子式（Formula）查找有什么缺点？

5. 在中国国家科学数字图书馆，除了找到各种专业的手册原文外，还可以找到哪些免费的科技文献？

6. 在 NIST Chemistry Webbook 中能否查到化学反应 $Zn+H_2SO_4 =\!=\!= ZnSO_4 + H_2$ 的数据？

能否找到化学反应 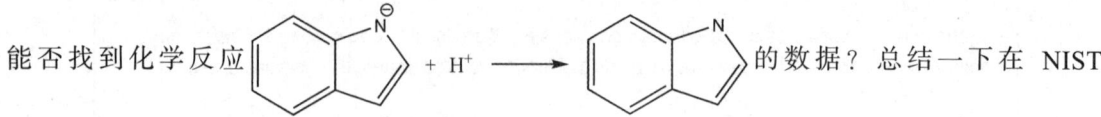 的数据？总结一下在 NIST Chemistry Webbook 中能找到哪些类型的化学反应。

7. 在网上能否找到最近更新的数据手册？

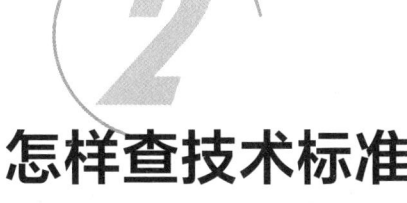

怎样查技术标准

任何产品的生产、加工、检验、建设，甚至包装运输都有一个技术上的规范来约束，任何生产厂商都必须遵循这些规范。利用这些规范来判断产品是否合格，用哪些测量方法来判断，并制定一系列的管理规范，这就是技术标准。任何行业都是有标准的，例如合成氨的产品在纯度、外观、溶解度、有效成分方面各国都有一个标准，不符合标准的产品就不能生产、销售。由于科技发展的不平衡，每一个国家都有一套自己的标准，这实际上阻碍了全球经济、技术的交流合作。

技术标准在工农业生产中非常重要，它有利于合理利用资源、节约原材料、保证产品质量、提高劳动生产率，还有利于产品和技术的国际交流。随着国际多边贸易的不断扩大，各国采用统一标准的趋势和呼声越来越高，国际标准化组织的作用越来越大，但是标准的统一非常困难，直到21世纪的今天，几乎没有值得纪念的大的进展。

在科学研究中使用国家标准、部颁标准甚至国际标准的案例很多。例如，换热器的设计就必须知道各种换热器的国家标准，如列管式换热器，它的长度、内管直径、内管排列方式都有国家标准，不符合国家标准的在市场上无法销售，所以设计时必须小心。

中国非常重视技术标准体系建设。早在1957年国家科学技术委员会内就设立了标准局，并于1958年颁布了第一部国家标准。1962年，国务院通过了《工农业产品和工程建设技术标准管理办法》，这标志着中国的标准化工作进入高层领导人的决策范围，中国已认识到标准化工作对经济发展有着重要的影响，不可忽视。但此后，由于决策上的失误，标准化工作进展缓慢，与国际标准的差距越来越大，无法与欧美国家进行商品、技术交流。直到1978年8月，我国才成立国家标准总局，1978年9月加入国际标准化组织。到了21世纪，我国的标准化工作有了飞速发展，目前已建立了120多个质量检验所、1200个质量监督站，截止到2020年12月31日，根据国家标准化管理委员会公布的数据，我国已有国家标准60 406条、71个行业共计行业标准93 556条、31个省（自治区、直辖市）共有地方标准66 587条、企业标准数以几十万计，对中国经济的发展，中国产品、技术的对外出口，保护本国产业的健康发展，消除不正当竞争起了极大的推动作用。

为了保证标准的贯彻执行，国家还成立了市场监督管理局，成立标准技术委员会1338个，涉及每一个科技行业。因此，对于科技工作者，了解标准是非常重要的第一步，是科研工作必不可少的一部分，也是文献调研、可行性研究报告、开题报告必须包含的内容。

值得注意的是：随着科学技术的发展，技术标准也在不断更新，原有的标准被淘汰，被新的标准代替。例如，我国饮食油烟排放标准原来是GWPB5，到2001年被GB18483代替，原有的标准失效，事实上，全世界每3~5年就会对原有标准更新一次。到了今天的信息化时代，有关标准化的文献越来越多，成为一门专门的学科。

一般来说，技术标准不是最新技术的体现，而是成熟的技术和可靠技术的体现，且没有广告成分，与技术不同，标准是公开发行的，无需任何保密成分，但是又反映了科学技术发展的水平。例如，中国出口给日本的大葱如果按中国的标准方法进行检测，没有发现农药残留，但是在日本的海关按日本的方法就检测出有农药残留，同样的仪器、同样都是分光光度法，但是日本的显色剂检测的精度高于中国的。

2.1 标准的分类及内容

作为一条完整的技术标准，不管是哪个国家或组织的、不管适用于哪个行业，一般包括下列内容：① 标准编号。它表示了该条标准所属的国家或组织、该标准适用于什么行业及颁布年份。② 标准的标题（有的还附有英文标题）。通过标题，可以进一步了解主要内容及涉及的行业。③ 制定单位、发布单位。④ 发布日期、实施日期。⑤ 目录及内容。⑥ 主题词及解释（有的还附有英文）。标准的正文中出现的专门术语，在该标准中的含义与通常的字面上的意思可能有差异，因此必须加以说明，并单独列出提醒读者注意。⑦ 引用了哪些其他标准或哪些标准在新标准实施后将作废。⑧ 附录。它是对标准的必要补充。

在我国，合法的技术标准有以下几类。

1. 国际标准

国际标准是从事国际交流所必需的。最为著名的是国际标准化组织颁布的标准，以 ISO（International Organization for Standard）开头，后面一串数字表示标准适用的行业及颁布的年份，每一行业都有一个编号；还有国际电工委员会颁布的标准，以 IEC（International Electrotechnical Commission）开头。在化学化工行业中用得最多的还是 ISO 的标准，如大家经常听说的 ISO9000 系列标准适用于产品质量规范，ISO9001 是该系列的第一条标准，它阐述了消费者满意的产品应该满足哪些要求；ISO9002 是该系列的第二条标准，它阐述了商业产品的质量规范。又如，ISO14000 系列标准是关于环境质量管理的，ISO14001 是它的第一条标准，是有关环境影响评价的方法。目前，中国进出口相关的企业正越来越多地采用 ISO 系列标准，以增强产品的竞争力。

2. 国家标准

它只在某个国家内部有效。中国的国家标准以 GB 开头，后面一串数字表示标准适用的行业及颁布的年份；国家工程建设标准以 GBJ 开头，如 GB 7531—1987 是关于有机化工产品灰分测定方法的，于 1987 年颁布。

3. 行业标准

它在中国的特定行业内有效。以部门名称的汉语拼音的第一个字母开头。例如，环境有关的标准以 HJ 开头，后面跟一串数字，如 HJ 2.1—1993；化工标准以 HG 开头。

4. 企业标准

很多产品的合格标准很难统一且没有必要统一，如果没有国家标准、行业标准，生产企业就自行制订了适合自己情况的标准，这就是企业标准。例如，家庭炒菜用的铸铁铁锅目前没有统一的国家标准，国家食品药品监督管理局也没有标准，因为铸铁制品非常多，没有危害，所以非常难统一，也没有必要统一，因此企业按自己的标准进行生产（但是，不锈钢锅已经有国家标准）。企业标准一般以企业名称的第一个字母作为开头，例如中康铁锅公司生产的铸铁锅的标准就是以 ZKCJ 开头，如 Q/ZKCJ 001—2017《铁锅》。其中字母 Q 表示企业的意思。企业标准必须在国家标准管理局申请、备案，得到批准后才可以执行，未经国家批准的企业标准仍然是无效的，不能在企业内部实施。还有的企业为了提高产品的竞争力或企业知名度，往往按远高于国家标准制定自己的企业标准，如青岛海尔集团、四川长虹等企业。某些企业为了宣传自己的产品，在它们的网站上列出了与它们产品有关的各种标准。例如，重庆长安汽车股份有限公司的企业标准"Q/JD 4483—2016 SC5033XXYMA5 箱式运输车"，就是用于公司内部（包括子公司）的专用运输车。

5. 地方标准

地方标准是根据各省（自治区、直辖市）的实际情况制定的符合本地产业、地理环境、人口结构的标准（例如针对本地的工艺品、地方特色食品、名酒、古迹等），对其他地区可能不适合。地方标准也必须得到国家标准化管理委员会的审核合格后才能发布，在某些地域合作交流中得到认可。地方标准一般以字母 DB 开头。如 DB 50/21—1999，就是重庆市环保局在 1999 年为饮食油烟业油烟排放制定的排放标准，这是因为重庆的饮食使用高温油进行爆炒非常普遍，产生的油烟非常浓、油烟体积非常大，而其他省份很少有这样的烹饪方式；又如，青海省的标准 DB 63/T1859.3—2020《公路风积沙防治技术规范：第 3 部分 工程质量检验评定》，这条标准显然是针对青海特有的风沙而制定的，在没有风沙的重庆不适合。这就是地方标准产生的原因。

值得一提的是：有些技术标准的字母后面加了"/T"，表示该标准是推荐使用的，并不具备强制效力，如 GB/T 16157—1996，是有关固定污染源排气中颗粒物和气态污染物的采样方法的国家推荐使用的方法，又如 HJ/T 2.3—1993，是环保局推荐使用的地面水环境影响评价的方法。如果字母后面跟"/Z 或 I"，则表示为指导性方针，法律约束力更低，如 DB/Z 3.3—1994。

如图 2.1.1 就是一条在国家生态环境部官方网站上检索到的、完整的环境保护标准（这里仅仅是部分截图，原文在网上阅读）。

但是，如果是在搜索引擎上搜到的标准一般是不完整的，且没有明确的来源，可信度较低。

HJ

中华人民共和国国家环境保护标准

HJ 1133—2020

环境空气和废气　颗粒物中砷、硒、
铋、锑的测定　原子荧光法

Ambient air and waste gas—Determination of arsenic, selenium, bismuth, antimony in ambient particle matter—Atomic fluorescence spectrometry

2020-05-15 发布　　2020-08-15 实施

生　态　环　境　部 发布

1　适用范围

本标准规定了测定环境空气和废气颗粒物中砷、硒、铋、锑四种元素的原子荧光法。

本标准适用于环境空气、无组织排放监控点空气和固定污染源有组织排放废气颗粒物中砷(As)、硒(Se)、铋(Bi)、锑(Sb)的测定。

当环境空气采样量为 150 m^3（实际状态），样品预处理定容体积为 50.0 ml 时，方法的检出限为 0.2 ng/m^3—2 ng/m^3，测定下限为 0.8 ng/m^3—8 ng/m^3；无组织排放监控点空气采样量为 50 m^3（标准状态），样品预处理定容体积为 50.0 ml 时，方法检出限为 0.4 ng/m^3—4 ng/m^3，测定下限为 1.6 ng/m^3—16 ng/m^3；固定污染源有组织排放废气采样量为 0.600 m^3（标准状态干烟气），样品预处理定容体积为 100.0 ml 时，方法检出限为 0.1 $\mu g/m^3$—0.7 $\mu g/m^3$，测定下限为 0.4 $\mu g/m^3$—2.8 $\mu g/m^3$。详见附录 A。

2　规范性引用文件

本标准引用了下列文件或其中的条款。凡是不注日期的引用文件，其有效版本适用于本标准。

GB/T 16157　固定污染源排气中颗粒物测定与气态污染物采样方法

13　注意事项

13.1　应分别按照相应质量标准或排放标准要求的状态进行结果计算。

13.2　每次采样前需对采样器进行流量校准和气密性检查。

13.3　实验所用的玻璃器皿先用自来水冲洗，再用硝酸溶液（1+1）浸泡 24 小时，依次用自来水、实验用水洗净。

图 2.1.1　完整的标准截图（HJ 1133—2020　环境空气和废气颗粒中砷、硒、铋、锑的测定　原子荧光法）

2.2　网上找国内标准

目前在互联网上查中国技术标准已经非常简单，而且是免费全文下载的。某些企业为了宣传自己的产品，在它们的网站上列出了与它们产品有关的各种标准，这也是可以免费下载的，但是这样的标准非常分散，查询非常困难，因此不建议在企业的官方网站上查标准。

2.2.1　国家标准（http://www.sac.gov.cn）

中国发布国家标准的唯一机构是国家标准化管理委员会，可以在该网站最后的友情链接

中找到"中国标准信息服务网"或直接访问 http://www.sacinfo.cn 进行查询,步骤如下:

(1)打开"国家标准化管理委员会"的官方网站或在搜索引擎中输入"国家标准化管理委员会",然后搜索,可以看到非常多的搜索结果,但是必须找到网址为 http://www.sac.gov.cn 的记录,首页如图 2.2.1。

图 2.2.1　中国标准网首页找到"在线查询"

(2)使用滚动条向下移动,可以找到"国家标准全文公开",点击后输入查询内容,如图 2.2.2。

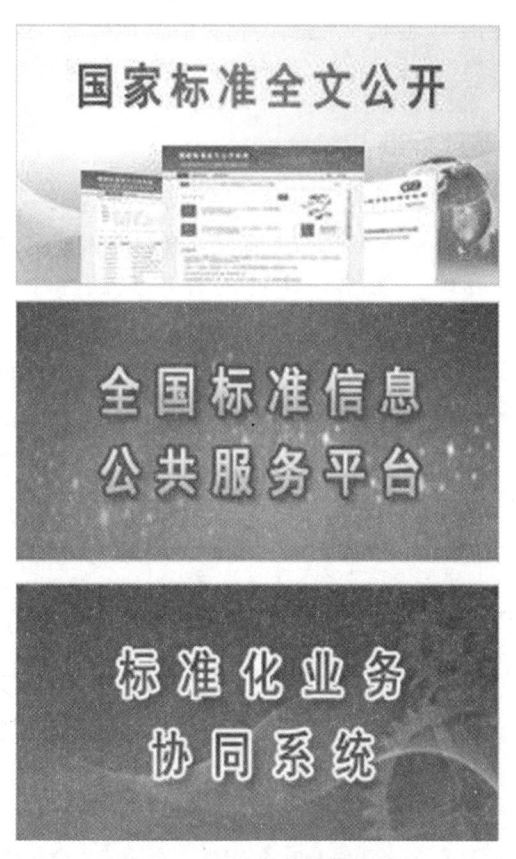

图 2.2.2　中国标准全文公开

该网站支持模糊查询,例如,输入"橡胶",就可以查到所有与橡胶有关的国家标准和部颁标准。但是,如果输入"石油化工中换热器的标准",则什么都找不到,也就是说只能按关键词查找,目前只能输入一个关键词,输入两个也找不到。例如,输入"橡胶",得到如图 2.2.3 的结果,一共找到 542 条国家标准,分 55 页显示,涉及机械、食品、医疗、健身保健、日常生活的各个行业的橡胶制品及方法标准、质量标准,点击最右边的"查看详情"按钮可以看到这条标准的基本信息,包括中国标准分类号(CCS)、国际标准分类号(ICS)、发布单位、主管部门。

序号	标准号	是否采标	标准名称	类别	状态	发布日
1	GB/T 41492-2022		城市轨道交通浮置板用橡胶弹簧隔振器	推标	即将实施	2022-0
2	GB/T 24141.2-2022	采	内燃机燃油管路用橡胶软管和纯胶管 规范 第2部分:汽油燃料	推标	即将实施	2022-0
3	GB/T 18944.2-2022	采	柔性多孔聚合物材料 海绵和发泡橡胶制品 规范 第2部分:模制…	推标	即将实施	2022-0
4	GB/T 5577-2022		合成橡胶牌号规范	推标	即将实施	2022-0
5	GB/T 24146-2022	采	用于油燃烧器的橡胶软管和软管组合件 规范	推标	即将实施	2022-0

图 2.2.3 有关"橡胶"标准的部分查询结果

点击标准的编号即可看到全文,其中是否"采标"指的是本标准采用的是其他标准(例如采用的是 ISO、IEC 的标准),这时只能阅读相关的其他标准,不显示原文。

在国家市场监督管理总局(http://www.samr.gov.cn)的官方网站上也可以找到部分国家标准。

2.2.2 行业标准(部颁标准)

行业标准必须在每个行业部门的官方网站上查找,因此读者必须清楚要查阅的标准是哪个行业制定的,然后到这个行业的官方网站上查阅。查阅的方式与国家标准的方式非常接近。例如,有关环境污染、治理、保护、评价的标准只能在生态环境部的网站上找到(http://www.mee.gov.cn),药品、化妆品可以在国家药品监督管理局的官方网站上查到……,不可以用搜索引擎搜索,如下表 2.2.1 所示。由于每个网站的数据排列方式不同,因此没有统一的查询方式,表中仅列出了操作步骤的提示。

表 2.2.1 行业标准对应的官方网站

行业	部门	官方网站、查找步骤提示
环保、环评、排污	中华人民共和国生态环境部	http://www.mee.gov.cn 业务工作→法规标准→标准
药品、化妆品	国家药品监督管理局	http://www.nmpa.gov.cn 政务公开→数据查询
食品、保健品	国家市场监督管理总局	http://www.samr.gov.cn 服务→我要查→标准→食品
健康、防疫	中华人民共和国 国家卫生健康委员会	http://www.nhc.gov.cn 服务→食卫标准
化工、机械、IT	中华人民共和国 工业和信息化部	http://www.miit.gov.cn 工信数据→专业数据库→标准

续表

行业	部门	官方网站、查找步骤提示
农业、农药、兽医、内河渔业	中华人民共和国农业农村部	http://www.moa.gov.cn 数据→标准库
海洋、土地、矿产、地质、测绘、古迹保护	中华人民共和国自然资源部	http://www.mnr.gov.cn 公开→标准规范→自然资源标准化信息服务平台→标准公开
能源、核电、电力、煤炭	国家能源局	http://www.nea.gov.cn 能源行业标准化→标准公开→行业标准

例如，环境方面的标准（http://www.mee.gov.cn），查询步骤如下：
（1）首页如图2.2.4，在最左边找到"标准分类查询"后点击。

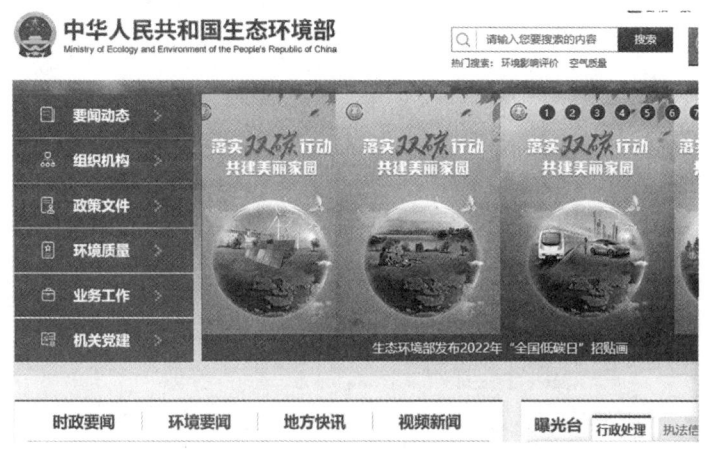

图2.2.4　中国标准服务网首页

在首页的左下方找到"业务工作"按钮（不要点击），在弹出项中找到"法规标准"，如图2.2.5。

图2.2.5　弹出项中找到"法规标准"

（2）点击"法规标准"后，再找到菜单中的"标准"，看到如图2.2.6的画面。

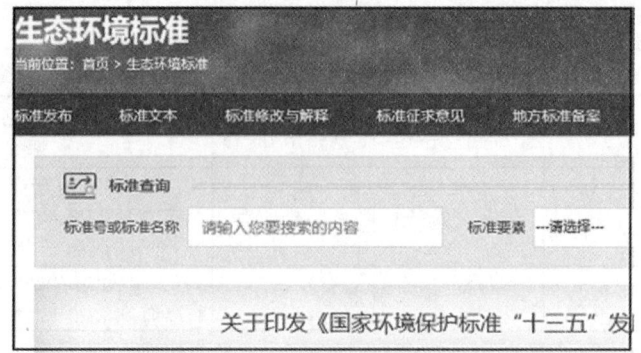

图 2.2.6　找到"标准高级检索"

（3）输入要查找的内容，例如"挥发性有机物"，就可以看到很多相关的环境标准，如图 2.2.7。点击标准名称可以看到全文。

图 2.2.7　查询结果

部分行业标准（甚至企业标准）也可以在国家标准管理委员会的官方网站中找到（http://www.sac.gov.cn），如图 2.2.2 中，如果点击图中的"全国标准信息公共服务平台"，就会看到如图 2.2.8 的界面。

图 2.2.8　全国标准信息公共服务平台

点击"行业标准",可以看到类似图 2.2.9 的画面,点击行业领域最右边的"全部展开",可以看到目前我国的科技行业有 56 个,以及每个行业的开头字母标志,括号内的数字表示该行业有标准的数量(已经废止的标准也包含在内),如图 2.2.10。

图 2.2.9　我国科技行业列表

图 2.2.10　行业分类

输入标准的编号或关键词就可以查到相应的标准,例如输入"阿莫西林"就可以查到相关的标准 1 条,如图 2.2.11,点击标准名称,可以阅读全文,如图 2.2.12。

图 2.2.11　查询结果

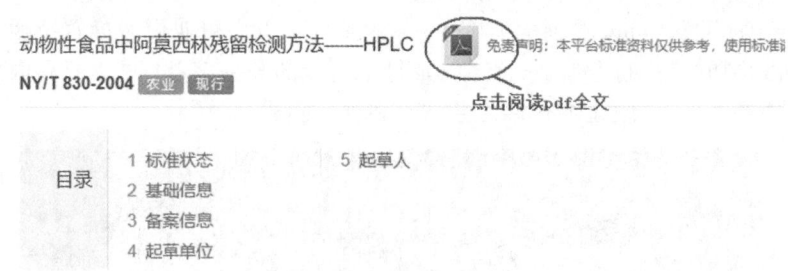

图 2.2.12　阅读标准全文

尽管如此，建议查找行业标准还是应该在每个行业的官方网站上查找，这是因为，除了正式发布的行业标准外，行业的官方网站还有临时的通知、方法指南、标准的注意事项等，这些内容与正式颁布的行业标准同等重要，而在国家标准化管理委员会的网站上没有。

在这些网站中不仅仅可以查到行业标准，还可以查到其他重要的数据。例如，药品生产厂家是否合法注册、药品是否有批号、商家是否有经营许可证、生产许可证等，都可以在国家市场监督管理局的网站上查到。

2.2.3　企业标准

企业标准建议在每个企业的官方网站上查阅，或者在企业产品的使用说明书上也可以找到，由于每个企业网站的数据排列方式不一样，因此没有统一的查阅方法，只能在企业网站上耐心寻找。如果在企业网站上找不到，则只能在国家标准化管理委员会的网站上找，如图 2.2.2、在图 2.2.8 中点击企业标准，也可找到。但是还是推荐在企业的网站上找，因为在企业网站上还可以找到其他信息，如相关的地方标准、地方对企业的扶持政策、相关的技术指南等，甚至企业的介绍，这些内容也是非常重要的，而在国家标准化管理委员会的网站上没有。

2.2.4　地方标准

地方标准一般在省（自治区、直辖市）的标准信息服务（所）的网站上可以查到，例如，重庆市标准信息服务网（http://bz.cqis.cn）就可以查到重庆的地方标准，它是由重庆市质量和标准化研究院负责管理的，点击"重庆市地方标准信息公开平台"即可查询，如图 2.2.13。

图 2.2.13　重庆市标准信息服务网查找重庆的地方标准

点击"地方标准",然后输入"火锅",可以检索到 4 条有关火锅的重庆市地方标准,都是以 DB 开头的编号。

2.3 网上找国外标准

目前我国普遍接受的国外标准主要有国际标准化组织(ISO)的标准、国际电工委员会(IEC)的标准,这些组织的详细情况可以在网上搜索到。随着国际交流的扩大,世界各国的标准受到重视,例如欧盟各国的标准、俄罗斯联邦的标准。在中国,最著名的就是 ISO9000、ISO14000、ISO22000 系列标准,分别针对的是质量管理控制标准、环境管理标准、电工技术标准。

2.3.1 国际标准

国际标准在国际标准化组织的官方网站上可以查到(http://www.iso.org),但这个网站只有英文版。很多网站也可以找到查询国际标准,且进行了汉化处理,例如国家标准化管理委员会的网站(http://www.sac.gov.cn)。进入官方网站后,在网页的中间偏右的位置可以找到"全国标准信息公共服务平台"按钮,点击后在新画面的菜单中点击"国际标准",可以看到如图 2.3.1 的网页,目前只能免费看目录,看原文要付较高的费用;类似地,国际电工委员会的标准也只能看目录(http://www.iec.ch),下载原文的费用较高。只有个别标准可以看全文,但不能下载。

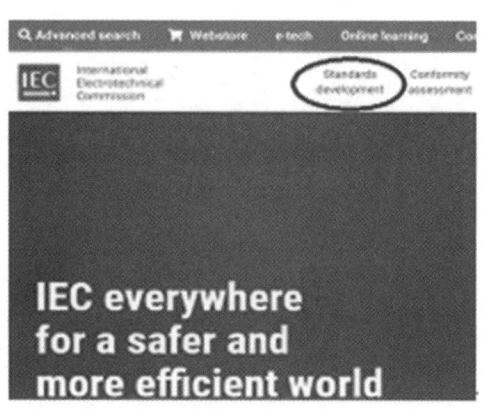

(a)国际标准化组织首页　　　　　　　　(b)国际电工委员会首页

图 2.3.1　国际标准首页

2.3.2 其他国家的标准

美国国家标准查询 http://www.ansi.org。
欧盟标准查询 http://www.cen.eu。
这些标准也可以在国家标准化管理委员会的官方网站上找到(http://www.sac.gov.cn),但是都必须付较高的费用。

思考题

1. 国家强制执行标准、推荐性标准、指导性方针在编号上是怎样区别的？
2. 航空行业标准以什么字母开头？纺织行业标准以什么字母开头？地方标准以什么字母开头？企业标准以什么字母开头？
3. 一条合法的正规的标准应该包含哪几个部分？
4. 在国家标准化管理委员会的网站上找一条有关不锈钢餐具的国家标准，这条标准在搜索引擎上能免费找到吗？如果能找到，二者在内容上有什么差异？
5. 现在要查有关水中六价铬含量测定方法的标准及它的排放浓度限制的国家标准，应该怎样输入查询的关键词？
6. 从质量标准上看，国家标准的要求是否一定高于企业标准或地方标准？

课后建议

学习了这一章后，只要在商场买了任何商品，都可以看一下外包装上注明的本产品执行的标准，然后用本课程讲的方法查询该标准，阅读该标准的内容，所购商品符合这条标准吗？如果是食品，可以查到"生产许可证编号"吗？

在药店或医院买到任何药品（或商场买到化妆品）后，请上国家药品监督管理局、国家市场监督管理总局的网站上查一下该药品的药品生产商是否存在、药品批准文号是什么？是"准"字号药还是"健"字号保健品？

3 怎样查专利技术

一部完整的专利说明书应包含下列部分：① 标头部分。申请人应在这部分写清楚专利说明书的名称、发明专利号、向哪个国家或组织申请的专利、申请日期和申请号、国际分类号、专利完整的标题和专利摘要、专利的所有发明人姓名和所属国籍、权利要求及参考文献，这样读者可对该专利有一大概了解。除了这些以外，各国对这部分还有一些附加的要求，例如美国专利还要求列出优先申请国、优先申请号。② 正文部分。一般要求有详细的前言（包括发明背景或专利权人介绍、发明所属的技术领域）、本专利的优点，并要求图文并茂，还有本专利的应用示例。③ 专利权限（声明）。将专利要求受保护的部分概括成若干简明条款，作为处理纠纷的法律依据，一般都写得很长，条款很多。

本教材的重点是专利的查询方法，有关专利的申请、保护、转让、购买、审查请阅读《中华人民共和国专利法》。

3.1 网上查中国专利

无论是中国专利还是其他国家的专利，一个完整的专利全文都包括：专利申请号（Application Number）、授权号（Authorized Number）、申请日期（Application Date）、公开日期（Publication Date）、申请人（Applicant 或 Assignee）、发明人（Inventor）、标题（Title）、摘要（Abstracts）、权利要求（Claim）、技术说明（Description 或 Specification）。具体到每个国家的专利，还有它们特殊的要求。

3.1.1 中国专利分类

根据《中华人民共和国专利法》，中国专利目前分为四类：

（1）发明专利。主要是指技术领域的发明创造或者改进，是史无先例应用技术的。如诺贝尔发明的炸药，但是爱因斯坦首先发现了相对论不能申请专利。

（2）实用新型专利。指对产品的形状、构造或者结合提出的实用于新的用途的技术方案。例如，瑞德西韦（Remdesivir）这种药品是治疗埃博拉病毒的，后来有人现在发现它还可以治疗新型冠状病毒，这个人就可以申请实用新型专利，这个人没有生产这个药品，仅仅是发现了它的新用途，就不能申请发明专利，因为这个药物的生产是美国吉利德科学公司（Gilead Sciences Inc.）首先发明并于 2011 年 7 月 22 日在中国申请了发明专利（2015 年 11 月 25 日得到中国专利局的授权）[16]，这是不能改变的事实；再如，传统的洗衣机是螺旋桨来搅动水，而后来有人进行了改进，使用滚筒旋转方式来搅动水，这个人就只能申请实用新型专利，因为整个洗衣机的生产流程没有发生任何改变，仅仅是变动了搅拌方式。

（3）外观设计专利。指对产品的形状、图案、色彩、商标做出的富有美感、同时适用于工业应用的设计。

（4）著作权登记。作者的原创作品，如文学作品、音频视频、计算机软件源代码、绘画（照片）、图案等，向国家知识产权局登记并申请保护，防止他人非法复制、转载、抄袭。

我国专利的申请号一般以 CN（中国的国际缩写）开头，后面的数字表示"年+专利的类型+流水号.计算机校验码"。年用四位数字，年后面的一位数字表示专利的类型，其中 1 表示发明专利，2 表示实用新型专利，3 表示外观设计专利；之后还有六位数字表示顺序号，如图 3.1.1。

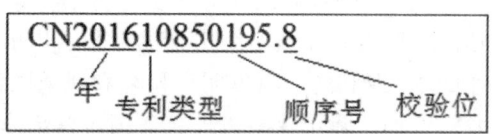

图 3.1.1　专利编号的含义

例如，专利 CN201610850195.8，该专利是 2016 年申请的，是发明专利，是 2016 年的第 850 195 个专利，最后的数字 8 是计算机校验码。专利的编号还包括公开号、IPC 分类号、优先权号、CPC 分类号，由于与文献的检索、阅读没有联系，这里不再介绍，需要的读者请阅读专利出版物和中国专利法[17]。

中国专利只能在国家知识产权局的官方网站（http://www.cnipa.gov.cn）上免费查阅、免费下载全文（包括专利中的图形）。

3.1.2　中国专利查询操作步骤

（1）在任何搜索引擎中输入"中华人民共和国国家知识产权局"，然后搜索，会发现有很多的内容，但是只有网址 http://www.cnipa.gov.cn 才是正确的，如图 3.1.2 所示，也可以直接输入上述网址。

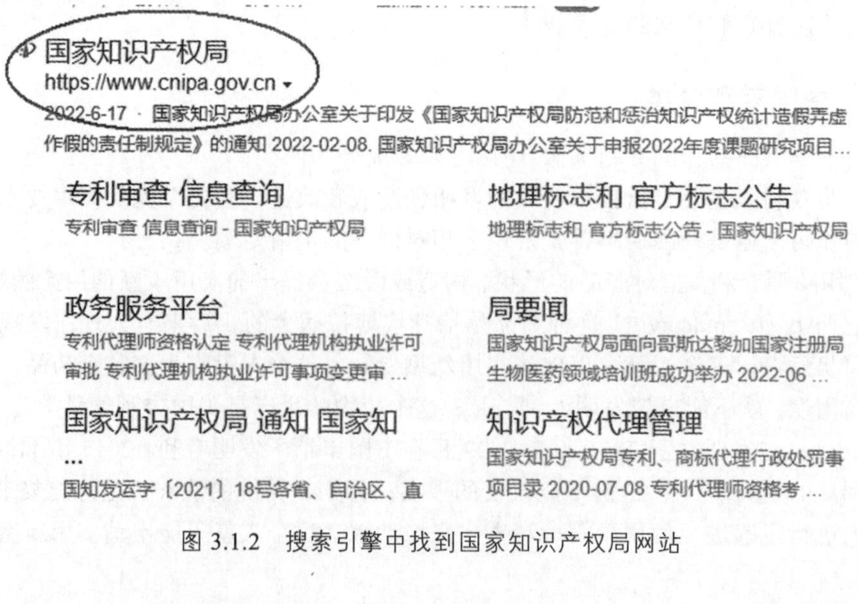

图 3.1.2　搜索引擎中找到国家知识产权局网站

中国专利也可以在中国专利信息网上查询（www.patent.com.cn），结果一样，查询方法基本相同。

（2）在菜单中找到"服务"→"公共服务"，注意不要点击，把鼠标移动到"服务"项就可以了，如图3.1.3。

图 3.1.3　找到"公共服务"

（3）点击"公共服务"，可以发现"检索查询"，如图3.1.4。

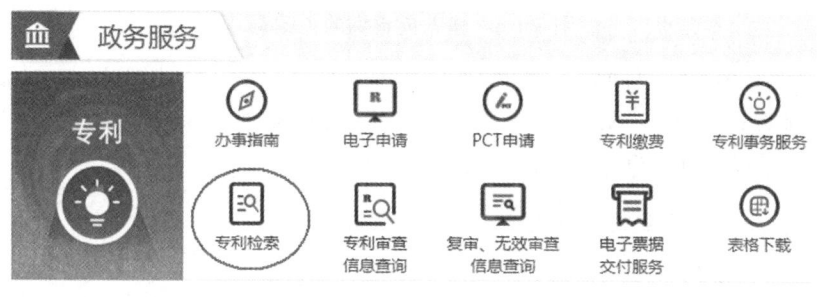

图 3.1.4　找到"专利检索及分析系统"

（4）在菜单中一般点击"高级检索"，同时提示需要免费注册才能查询（必须注册，不需要任何费用），点击"免费注册"，按要求输入即可，不会造成个人数据泄露，如图3.1.5。

图 3.1.5　高级检索

如果点击"常规检索",也需要注册。常规检索只能输入一个关键词,在科技文献查询中很难满足要求,很少使用。

(5)输入要查找的关键词,一般都是在发明名称中找,如图 3.1.6。如果还知道专利申请人、专利发明人,也可以输入查询相关的专利。

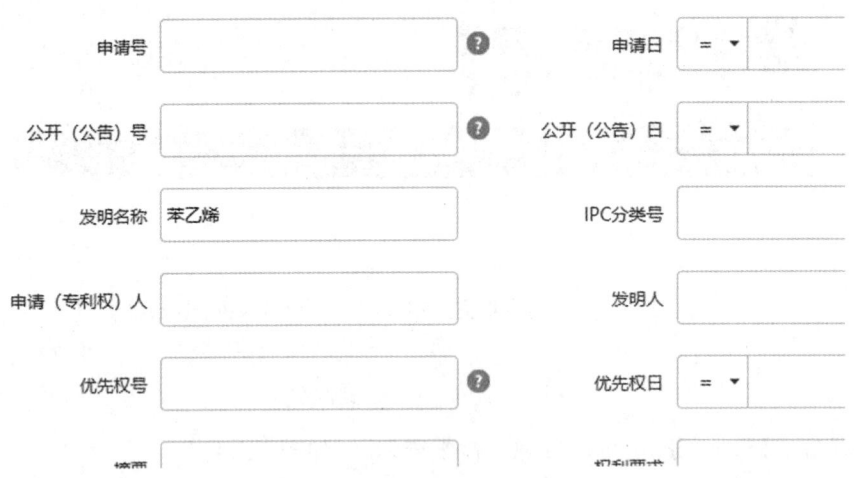

图 3.1.6　输入要查询的关键词

如果关键词有多个需要同时查询,则可以在网页下半部的方框中输入,中间加上"AND",如图 3.1.7。例如要查询苯乙烯的合成工艺的专利,可以输入"苯乙烯 AND 工艺",然后点击"查询",也可以选择"OR""NOT"等。

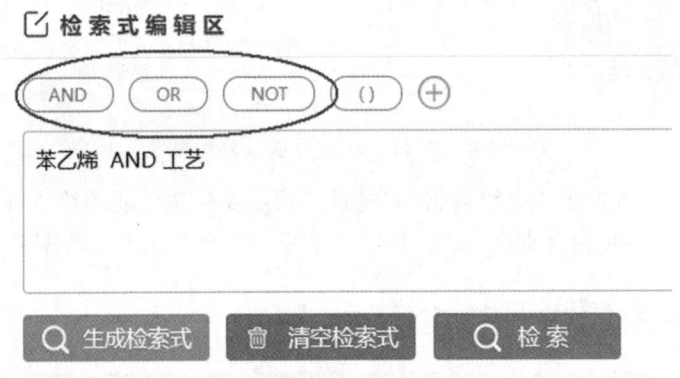

图 3.1.7　输入多个关键词

值得注意的是,不能把论文的题目直接输入。例如,不能输入"苯乙烯的合成工艺",也不能输入"苯乙烯的合成工艺的专利",这样输入什么都找不到,除非已经知道了专利的完整标题且只需要看这一篇专利的原文。

(6)点击"查询",可以看到很多专利。要注意,只有标注为"授权公告"的专利才是受保护的;标记为"公开"的专利处在公示期,接受所有人的监督。公示期间受保护,一般是 1 年,1 年后没有通过审核,则不受保护,审核通过后就会有"授权公告"。授权专利的保护期目前为 20 年,从申请日计算时间,如图 3.1.8,而且每年要向专利局缴纳一定数量的专利维持费用。

图 3.1.8　查询结果

（7）点击"详览"，可以看专利的全文，并下载全文，包括专利中的图形也同时免费下载，也可以在线阅读，如图 3.1.9。

图 3.1.9　下载专利全文

要阅读专利全文，计算机必须安装 Adobe Acrobat Reader 浏览器，目前版本是 V2.0.0.1。有关专利的专业术语这里就不再介绍了，读者可以访问国家知识产权局官方网站的"专题专栏"→"文献服务"。

3.2　美国专利网（www.uspto.gov）

3.2.1　美国专利分类

美国专利号以 US 开头，后面是七位序列号。美国专利的分类为：Utility 专利（相当于中国的发明专利），全部由数字组成；Design 专利（相当于中国的外观设计专利），专利号以字母 D 开头+数字；Plant 专利（农业专利），专利号以字母 PP 开头+数字；Defensive Publication 专利，以字母 T 开头+数字；Reissue 专利（再发行专利），以字母 RE 开头+数字；SIR 专利

（Statutory Invention Registration，依法注册的发明，与中国的著作权登记非常类似），以字母 H 开头+数字。美国专利没有实用新型专利，这一点与中国专利略有区别。

美国专利局的官方网站是全英文的，输入汉字无效。可以查到专利说明书的全文（只要在美国申请了专利），包括专利的装置图。

3.2.2 美国专利查阅步骤

（1）进入网站后，在首页最左边找到"Patents"下面的"Search"，点击就可以了，如图 3.2.1。注意：不要在网页顶部的"Search"方框中输入查询内容，这种方式找不到专利。

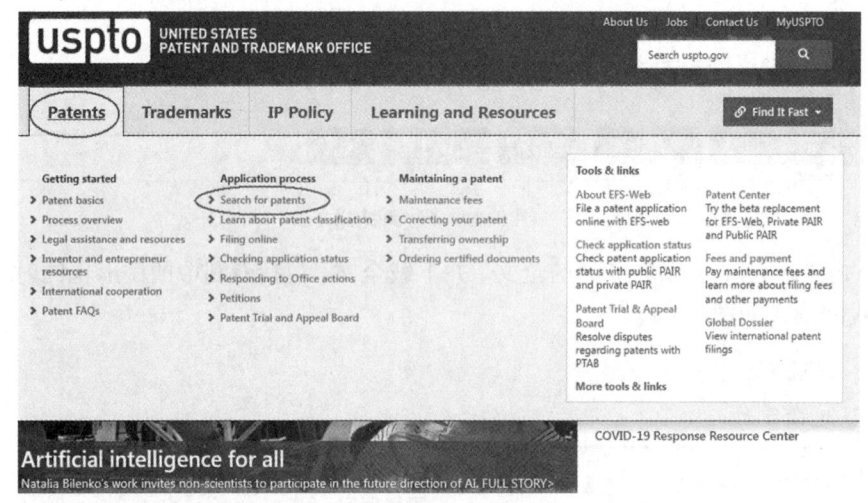

图 3.2.1　美国专利网首页

（2）之后可看到图 3.2.2 的画面，其中"Patent Full-Text and Fall-Page Image Databases"意思是专利全文及图形。选择查询的方式，选择时应选左边绿色区域的三种方式，右边的不要选择。美国专利网提供了三种方式：Quick Search（快速查询）、Advanced Search（高级查询）、Patent Number Search（按专利号查询）。其中用得最多的是 Quick Search，这里以它为例来讲解。

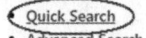

图 3.2.2　选择查询方式

（3）在点击"Quick Search"之后可看到图 3.2.3 的画面，要求输入查询的主题词，可以在 Field 1 和 Field 2 中同时输入。另外还有两个弹出框，一般在第一个弹出框选 Title（标题），第二个选 Abstract（摘要）。例如要查询饮食油烟吸收装置的有关专利，就可在 Field 1 中输入"Cooking fume（油烟）"，即把专利标题中含有"Cooking fume（油烟）"的专利找出来；同时在第一个弹出框中选"Title"，在 Field 2 中输入"apparatus（装置）"，同时在第二个弹出框中选"Abstract"。如图 3.2.3。

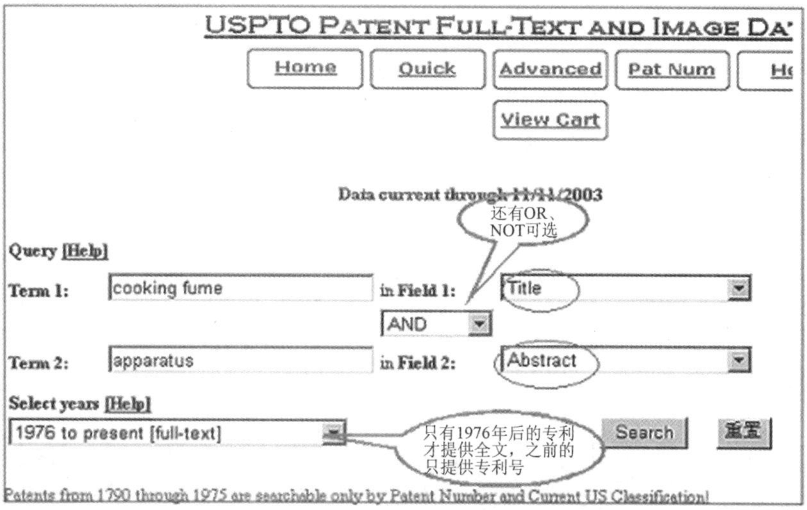

图 3.2.3　输入查询内容

弹出框中的其他选项有：All Field（在全文中），Title（在专利标题中），Abstract（在专利摘要中），这是最常见的查找方式。

（4）输入完后点击"Search"按钮，之后可看到图 3.2.4 的画面，可以看到专利的编号、标题及共查到多少篇符合要求的专利。点击专利号即可看到专利全文，但是无法看到专利中的图形、计算公式、照片等。

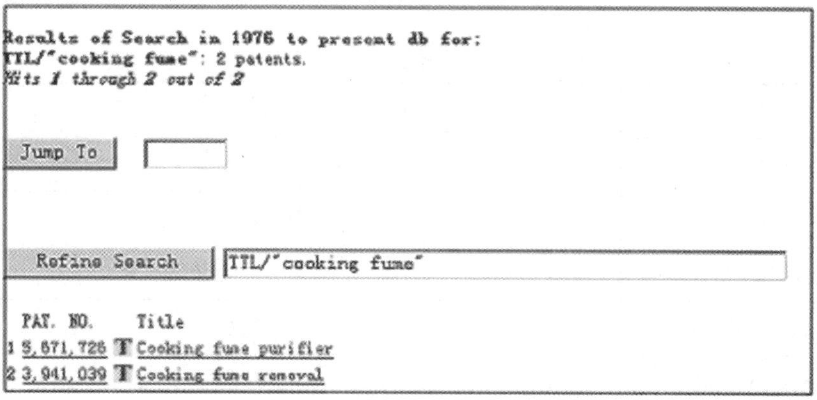

图 3.2.4　专利查询结果

在美国专利的原文中频繁出现缩写、很多异常的符号，难以读懂，直到计算机技术飞速发展的今天，这些符号仍然保留了下来，表 3.2.1 列出了美国专利中的常见缩写，但是阅读起来非常不方便。这时可以下载专利的图形文档，如图 3.2.5，它实际上是专利全文的 PDF 格式的文件，计算机必须安装了 Adobe Acrobat Reader 浏览器才能阅读，目前的版本是 V2.0.0.1。

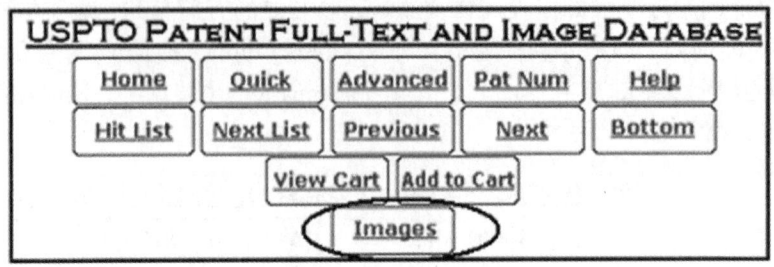

图 3.2.5　专利中的图形

然后点击"Full Pages"显示带有图形的专利全文，如图 3.2.6。如果只看图形、不看文字，则可以点击"Drawings"。

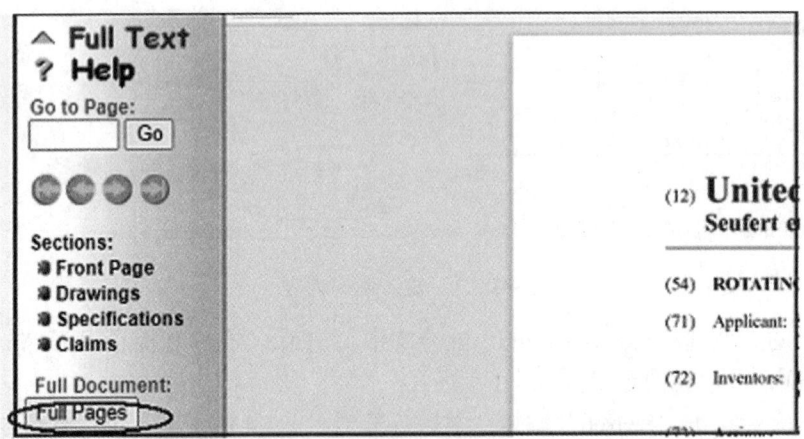

图 3.2.6　带有图形的专利全文

也可以分页浏览，只需要在"Go to Page"文本框中输入页码，按"Go"按钮。

表 3.2.1　美国专利中常见的缩写

缩写	含义
Cu.sub.xM.sub.y	Cu_xM_y，x、y 是下标
10.sup.-6	10^{-6}，-6 是上标
Wt%	质量百分比浓度
80.degree.C	80 ℃
2.8.times.10.sup.6	2.8×10^6
###EQU0001###	表示这是一个公式，需要看图才能显示出来
###STR0001###	表示这是一个结构式，需要看图才能显示出来

（5）专利的全文可以免费下载为PDF文件，只需要点击磁盘图标，然后输入文件保存的文件夹、文件名，如图3.2.7。

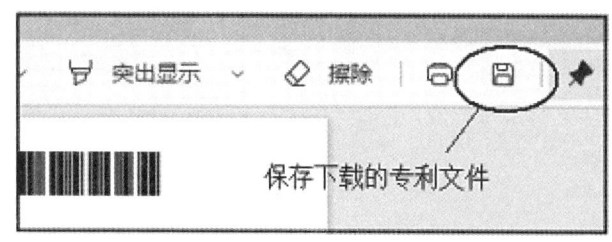

图3.2.7　免费下载PDF格式的专利全文

在美国专利中，可能出现以下内容，对应的查询方式在一般的文献查询中很少使用。这部分对一般的科技人员没有用处，除非是从事专利申请、转让的工作人员。

Issue Date（公告日期），Patent Number（专利号），Publication Date（公开或公告日期），Application Serial Number（申请序列号），Application Date（申请日期），Application Type（专利类别），Assignee Name（专利权人），Assignee City（专利权人所在城市），Assignee State（专利权人所在州），Assignee Country（专利权人所在国家），Applicant Name（申请人），Applicant City（申请人所在的城市），Applicant State（申请人所在州），Applicant Country（申请人所在的国家），International Classification（国际分类号），Current US Classification（当前美国专利分类号），Current CPC Classification（当前的CPC专利分类号），Current CPC Classification Class（当前CPC专利分类号的子分类）[*]，Primary Examiner（专利主审查机构），Assistant Examiner（专利助理审查机构），Inventor Name（发明者姓名），Inventor City（发明者所在城市），Inventor State（发明者所在州），Inventor Country（发明者所在国家），Government Interest（政府资助），Attorney or Agent（专利代理人或代理机构），PCT Information（PCT信息号）[**]，Foreign Priority（专利的国外优先权）[***]，Reissue Date（再公告日期），Related US App. Data（与美国专利有关的数据，这里主要指专利申请之前的公开文献），Reference by（被其他专利引用），Foreign Reference（本专利引用的其他专利），Other Reference（本专利引用的其他文献，如论文、技术标准），Cross Reference to Related Application（交叉引用相关专利申请），Family ID（专利家族的专利号），Claims（专利权利），Description/Specification（专利描述部分/专利说明书部分）

以上内容的详细说明可以在这个网站中找到。首先点击图3.2.3的"Help"按钮，出现图3.2.8的画面，找到"Tips on Field Searching"（检索字段说明），之后出现每一个字段，如图3.2.9，点击所需要的字段看详细说明。例如，点击图中的"Application Type"就可以看到专

---

[*] CPC是Cooperative Patent Classification的缩写，可翻译为联合专利分类，是欧盟与美国共同制定的专利分类方法，可以在网上搜索它的详细介绍。

[**] PCT是Patent Cooperation Treaty的缩写，可翻译为专利合作公约，只要在其中任何一个加入公约的国家申请了专利，就自动在其他成员国申请了专利，可以在网上搜索它的详细介绍。

[***] 优先权是指专利在国外申请后，又在中国或他国再次申请（或修改后再次申请），这时以第一次申请的内容、日期为准。

利类型的详细说明，如图 3.2.10 所示。

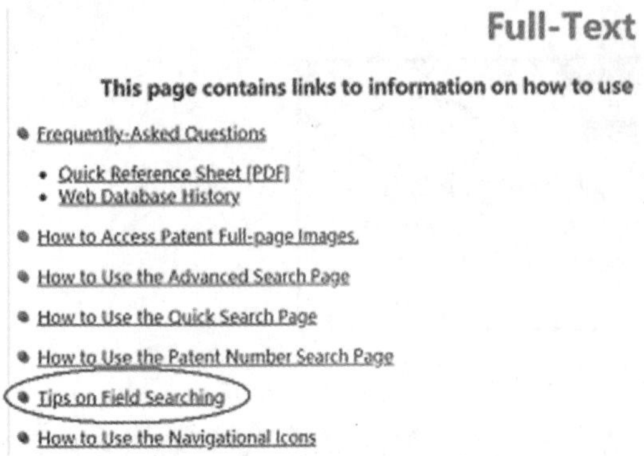

图 3.2.8　美国专利字段说明 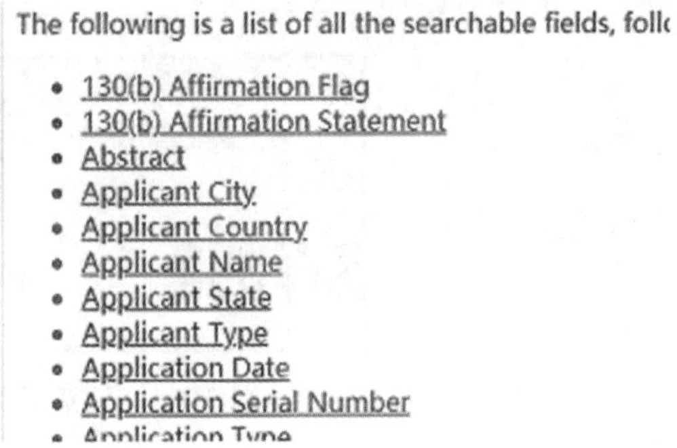　　　　　图 3.2.9　点击提示看详细说明

在图 3.2.10 中，可以使用网上的翻译软件翻译成中文。

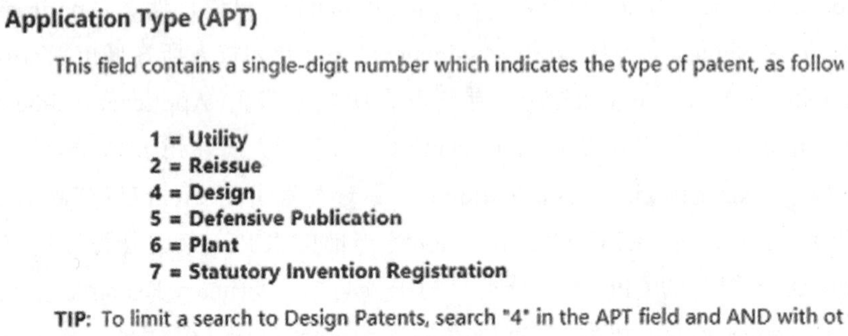

图 3.2.10　美国专利 Application Type 的详细说明

3.3　其他国家专利

每个国家都有自己的专利，下面是某些国家的专利官方网站，查阅方法与美国专利相似。

（1）欧洲专利网（http://www.epo.org）；

（2）世界专利网（http://www.wipo.int）。

可以在中华人民共和国国家知识产权局的官方网站上找到国外的专利，在进入首页后，移动到最底端，找到相关网站→国外主要知识产权网站，如图 3.3.1 所示。

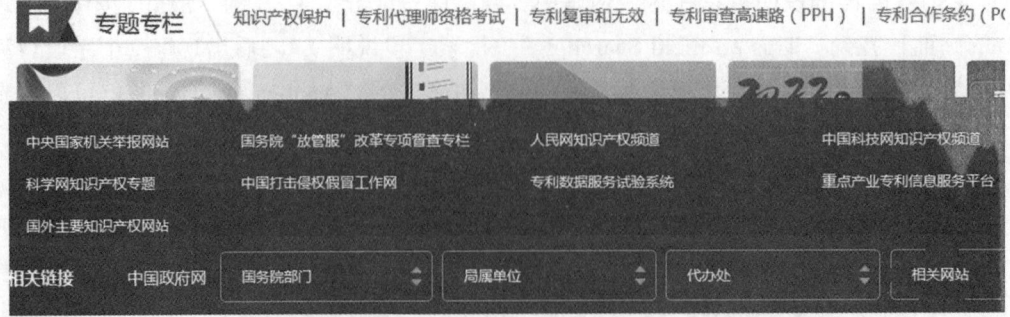

图 3.3.1　国外专利查询

任何国外的专利查询方法与美国专利非常相似，这里就不重复了。注意，有些国家或组织的专利需要付费阅读。目前，我国可以查询38个国家的专利，阅读时可以选择英文版。

思考题

1. 中国专利目前分为哪四种？简要说明申请这些专利的要求。
2. 物理学家库仑发现了电荷之间的相互作用力的定量关系（现在称为库仑定理），这个理论是否可以申请专利？后来人们经过几代人的努力，到目前根据这个理论发明了可充电的电容器，并应用到新能源汽车上，这个电容器能否申请专利？
3. 专利反映了工程应用科学的发展水平，因此专利所涉及的理论研究水平非常高深，不是顶尖科学家的研究项目是不可能申请专利的。所以一般的大学生是不可能申请到专利的，没有受过高等教育的人就更不可能了。这种看法正确吗？能否举例说明。
4. 中国专利以什么字母开头？美国专利、欧洲专利呢？专利授权后就永久受保护吗？
5. 在国家知识产权局网站上查到一条以字母CN开头的专利，这条专利是否已经受到保护？
6. 现在要找有关新能源汽车可充电电池的专利，应该怎样输入查询的关键词？中国专利、美国专利各找一条。
7. 通过学习中国的专利法，同一个发明能否同时在多个国家申请专利？

课后建议

查找一篇有关你的研究方向的美国专利或其他英文的专利，然后用当前最新版的"权威"翻译软件翻译成中文，你能看懂翻译后的中文吗？反过来，你用中文书写的专利能用"权威"翻译软件翻译成英文发表吗？试试看。

4 怎样查期刊论文、学位论文

严格地说，在网上是无法找到免费的论文原文下载，但是随着中国知网的普及，查询费用已经非常低，而且绝大多数企业、科研机构、大学都订购了中国知网、万方数据库、维普网等，因此，一般在这三类单位的所有员工都可以免费查阅论文了。一篇研究论文或学位论文无论是中文还是外文，一般主要有下列内容：① 文章标题、对应的英文标题，有的还在脚注标注了赞助的机构。② 作者姓名及工作单位，有的还在脚注进行说明，如第一作者简介。③ 中文摘要、对应的英文摘要，一般来讲，摘要一般在500字左右。④ 中文关键词（一般不会多于5个）、对应的英文关键词。⑤ 文章的内容，这是论文最长的部分。如果有图，一般在图的下面有说明；如果有表格，一般在表格的上面有说明，图、表都要进行编号。在这部分一般有前言（介绍已有的研究成果、本论文的研究意义）、仪器药品列表、试验方法步骤、数据分析、最终的结论。⑥ 参考文献。⑦ 简短的致谢。

4.1 网上查中文论文

这里以中国知网（CNKI）（http://www.cnki.net）为例，因为它的影响力在国内非常大，具有代表性。

4.1.1 中国知网简介

进入中国知网的官方网站（或在百度等搜索引擎中搜索），可以发现CNKI是英文China National Knowledge Infrastructure的缩写，由清华大学下属的清华同方集团创建于1998年，并于1999年在全国推广应用，主要目的就是为科技工作者提供文献全文检索服务。经过20多年的发展，目前它在国内学术界、教育界、出版界的影响非常大，并形成了规模化、产业化、知识化、信息化的数字资源平台，在2007年获得"中国出版政府奖""十一五重大网络工程建设项目"，并通过国家新闻出版署的验收。到目前为止，中国知网的网络数据库有各个期刊论文、硕博学位论文、报纸杂志的文章、会议资料、年鉴、专利、技术标准以及中国国学在内的非物质文化遗产等文献，但是，目前还不能阅读图书。

中国知网的优势是它收录了国内几乎所有期刊的论文全文，根据广大学生的反映，它在研究论文、学位论文、会议资料查询方面的优势特别突出，比国内其他网络资源更加全面、准确，更新达到每月一次，因此更能反映最新的研究成果。更突出的是，在更新过程中系统地查询服务还能够保持相对稳定，功能强大。

中国知网从创建的那一天起就一直受到国家的重视，包括教育部、中宣部、科技部、国家新闻出版署、国家版权局、国家发改委,参加建设的老一代世界级知名科学家就有19位,如厉以宁(经济学家)、卢嘉锡(化学家,主要研究物理化学)、吴阶平(医学家)、周光召(物理学家,主要研究理论物理)、朱光亚(两弹一星功臣)等,涉及的学科包括工业、农业、医疗卫生、经济、教育、所有的工程技术,可以说,它是中国信息产业发展程度的名片。当然,读者们也非常希望中国知网在以后的工作中能够在知识产权保护、公平竞争上比现在做得更好,更加注意打击学术不端行为,营造良好科研环境。

4.1.2 中国知网查询研究论文的操作步骤

这里以重庆工商大学购买的CNKI数字图书馆为例进行讲解,其他单位的检索方法类似。

(1)进入重庆工商大学官网,在首页顶部区域找到"图书馆",进入后可看到如图4.1.1的画面。

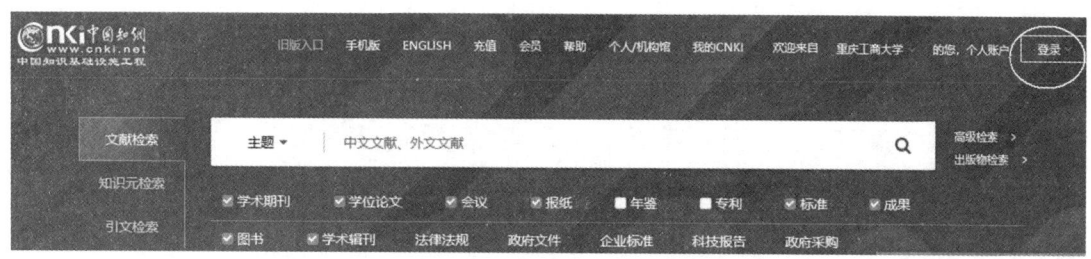

图 4.1.1　直接点击"登录"进入CNKI数据库

点击"登录"按钮,输入单位提供的用户名和密码就可以查询了,其他内容不要作任何改变。

(2)随后可看到图4.1.2的画面,要求输入查找的关键词,如果只有一个检索词,则可在此输入,然后点击"检索"按钮。但在科技文献的查阅实践中,一般都有两个以上的关键词,所以在这里直接输入是不行的。应该继续点击"高级检索",如图4.1.2,得到图4.1.3所示画面。

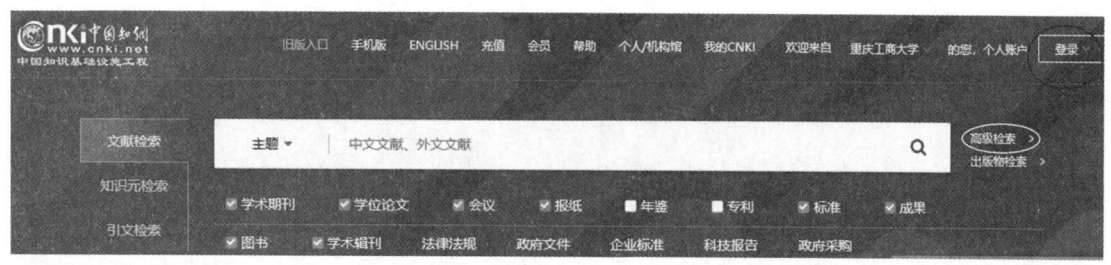

图 4.1.2　点击"高级检索"

(3)在图4.1.3页面中,可以输入四个主题词。一般来说,输入第一个检索词后,在"检索项"弹出框中选"篇名"(即默认设置,不加改变),输入第二个检索词后,在"检索项"弹出框中选"摘要"或"关键词",第三个检索词选"全文",以提高查询的成功率和准确性,当然也可以继续选默认值而不变化。例如,某学生的毕业课题需要查阅有关超声波降解苯酚的实验有哪些报道,就可在第一个检索词方框中输入"超声波","检索项"选"篇名",第二个检索词输入"降解",同时在第二个"检索项"选"摘要";第三个"检索词"输"苯酚"

或"有机物","检索项"选"全文"。其他内容一般不要改变。

值得注意的是:不能把论文的标题直接输入检索词中,例如,不能直接输入"超声波降解苯酚的实验研究",这样什么都找不到,除非已经知道了论文的完整标题。

然后点击"检索"按钮,可检索到近 100 篇论文,如全部都选"篇名",则只有 3 篇,这显然不全面,没有正确反映这个技术当前的研究成果;如果都选"全文",则有上千篇,无法全部看完。点击论文标题即可看到摘要。

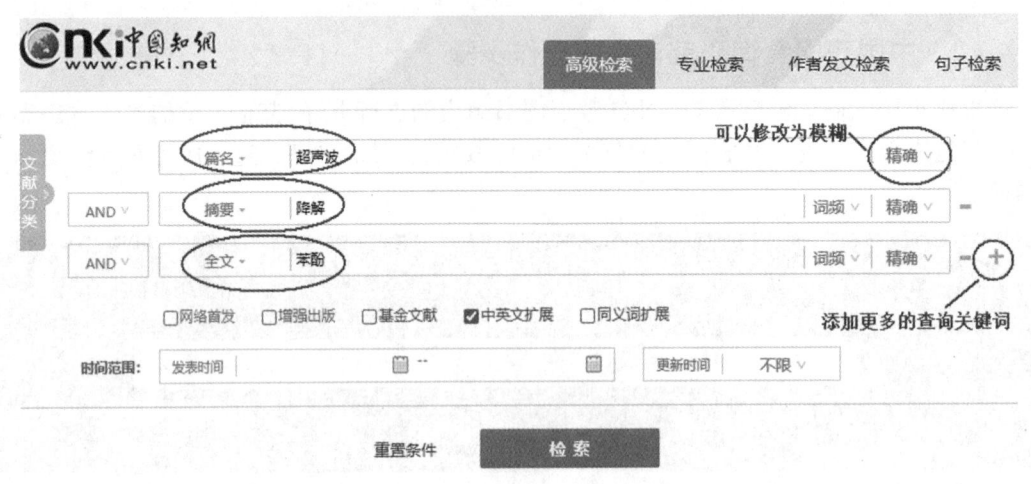

图 4.1.3 输入检索的关键词

如果要看全文,则需将论文先下载到计算机硬盘(软盘或优盘)中,在线下阅读。一般不建议在线上阅读,因为线上阅读速度较慢。

无论是线上阅读还是线下阅读全文,都必须在计算机上安装 CAJViewer 浏览器,这个软件目前的版本是 7.2。它可在中国知网免费下载,在中国知网首页,用滚动条滑动到网页底部,可看到图 4.1.4 所示画面,下载 CAJViewer 安装到自己的计算机中,一般选择"完全安装"。之后就可将下载的论文打开阅读全文。当然,也可以下载为 PDF 格式的文件,这时就必须安装 Adobe Acrobat Reader 浏览器,目前的版本是 V2.0.0.1,中国知网也提供免费下载,操作方法与 CAJViewer 几乎相同,只需要点击"下载中心"就可以了。

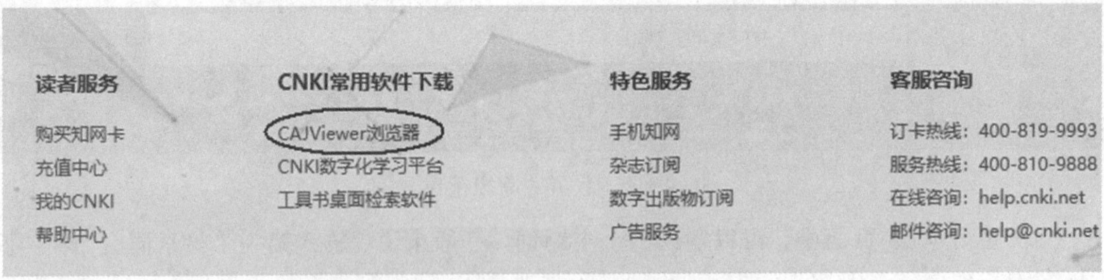

图 4.1.4 下载 CAJViewer 最新全文浏览器

值得一提的是,在论文下载中(不是浏览器下载),如果文件的后缀名不是 caj 或 kdh 或 aas,则该文件就无法用下载的浏览器打开,无法阅读。出现这种情况的原因目前还不清楚,如出现,就换一台计算机,或过几天重新下载。

事实上，怎样输入检索词没有固定的模式，需要学生在查阅文献中不断积累经验，一般本科生的毕业论文，看 50 篇左右、选出 30 篇的相关论文就足够了，硕士、博士的毕业论文看 300 篇、选出 100 篇左右相关论文就足够了。

4.1.3 中国知网查学位论文

学位论文也是一种研究论文，查阅方法与 4.1.2 小节介绍的研究论文查阅方法完全一样，只需要选中图 4.1.5 中的"学位论文"，仍然选"高级检索"就可以了（其他可以不选）。但是硕博论文的写作方式上有点不同，学位论文除了包括研究论文的所有内容外，一般还包括简短的"使用授权书"和"独创性声明"，目的是防止抄袭别人的研究成果或被别人抄袭；学位论文篇幅很长，一般在 100 页以上，所以都有目录；另外，它的绪论部分（前言）非常长，甚至比综述性论文的还要长，因此对这一研究领域的调研就非常仔细，而且实验的过程记录非常详细、数据记录完整，可以了解实验的每一个细节，数学模型的推导也很仔细。因此，学位论文可以看作是文献综述与研究论文的完美结合及延伸，对初次接触某个研究领域的读者来讲非常有参考价值。

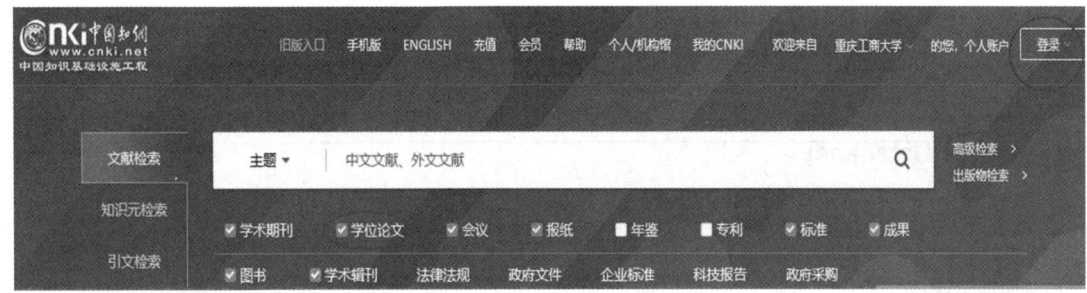

图 4.1.5 选中学位论文

4.1.4 其他中文数据库

1. 万方数据库（或万方数据知识服务平台）

它也是非常流行的文献查询网站，由万方数据公司开发。它的查阅方式与中国知网几乎相同，查询的文献类型、操作界面也几乎相同，同样需要付费注册后才能使用。一般的科研机构、企业、大学很多购买了版权，与中国知网的查询结果几乎没有区别，只要使用其中一个就可以了，这里就不再介绍了。

2. 超星数字图书馆

它可以提供中文版的电子图书，成立于 1993 年，由北京世纪超星信息技术发展有限公司开发，是国家 863 计划的示范工程。它同样也需要付费后才能阅读，一般的企业、科研机构、大学很多购买了版权。它的优势就是付少量的费用就可以在网上阅读图书，也有少数的图书是免费的。但是，随着各个出版社也开发了网上数字图书阅读系统，超星数字图书馆受到很大冲击。

4.2 网上查英文论文

4.2.1 EBSCOhost 数据库

1. 数据库简介

EBSCOhost 是美国 EBSCO 公司开发的全文数据库检索系统,主要收录欧美国家的英文期刊,也有少数中文期刊入选,目前包含了 10 个数据库,对于科技文献检索来讲,只需要学术期刊全文数据库(Academic Search Premier,ASP),涉及的学科有社会科学、教育学、计算机、工程技术、物理、化学、医学等。一般的企业、科研机构、大学买的就是这个数据库,同样,查询需要付费注册才能使用。

2. EBSCOhost 数据库检索步骤

这里仍然以重庆工商大学的数字图书馆为例进行讲解,其他单位的检索方法类似。

(1)进入学校官网后,在首页点击"图书馆",然后在图 4.1.1 中选 EBSCOhost 外文数据库。随后可看到图 4.2.1 的界面,它列出了该数据库的文献来源,一般选择第一个,如果搞不清楚每个专业数据库的专业学科背景,建议将所有数据库都选中,这样查询范围在所有列出的数据库中。然后点击"Continue"按钮。

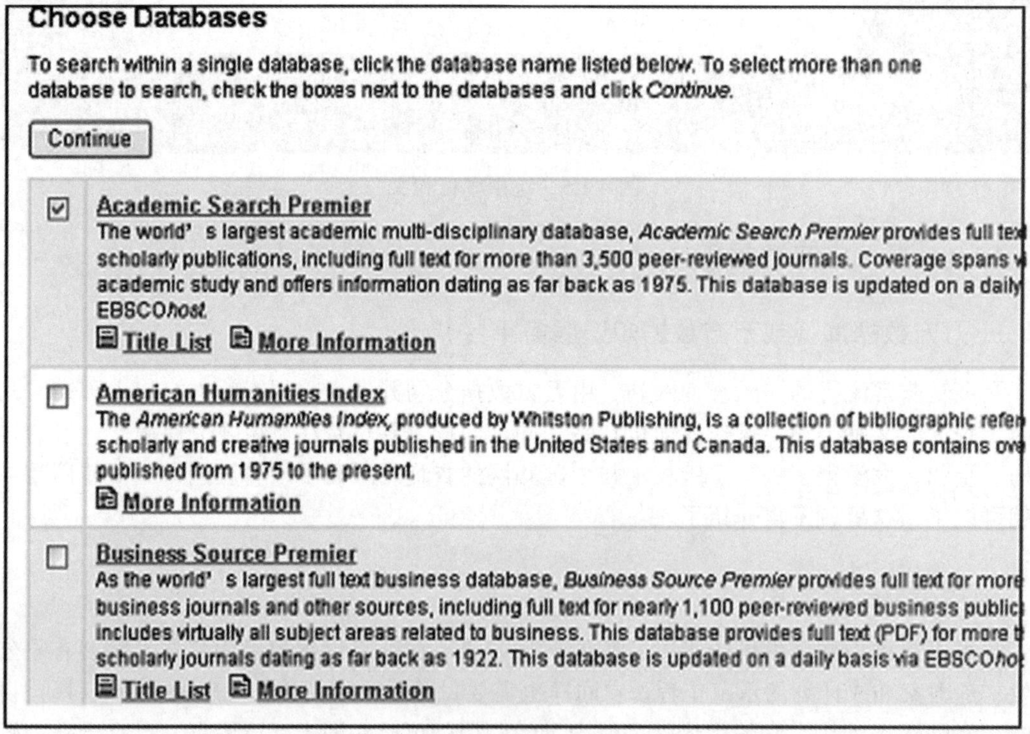

图 4.2.1 EBSCO 的各数据库名称

(2)同样建议选中"高级检索",直接在图 4.2.2 的方框中输入检索词很难满足课题的要求,查询的结果可能达到成千上万条或根本找不到。

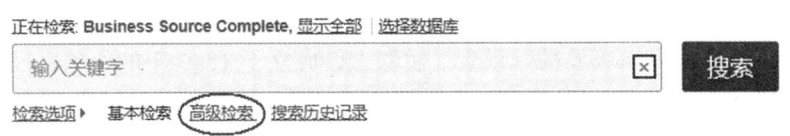

图 4.2.2　选择"高级检索"

（3）之后可看到图 4.2.3 的画面，要求输入查询的检索词，它们的输入方法与 4.1 节的中国知网数据库完全一样，同样要求第一个检索在标题（Title 或 TI）中找，第二个检索词在摘要（Abstracts 或 AB）中找，第三个检索词在全文（All Text 或 TX）中找，如图 4.2.3，只是这里应输入英文。下一步一般不能立刻点击"搜索"按钮，建议到第（4）步。

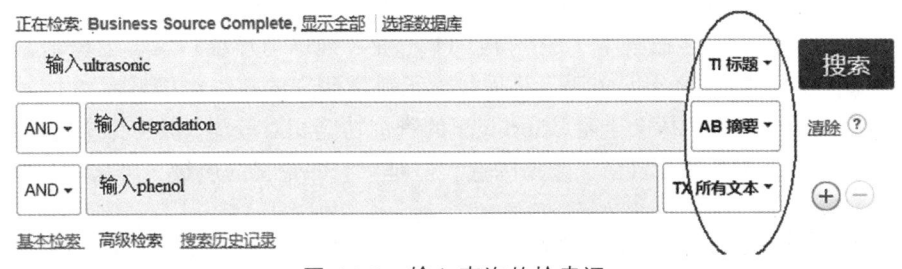

图 4.2.3　输入查询的检索词

（4）用滚动条向下移动网页，一般应选中"全文（Full Text）"复选框；然后再继续向下移动网页，选中"PDF"，表示查询结果要求全文显示并输出为 PDF 文件，如图 4.2.4 所示。

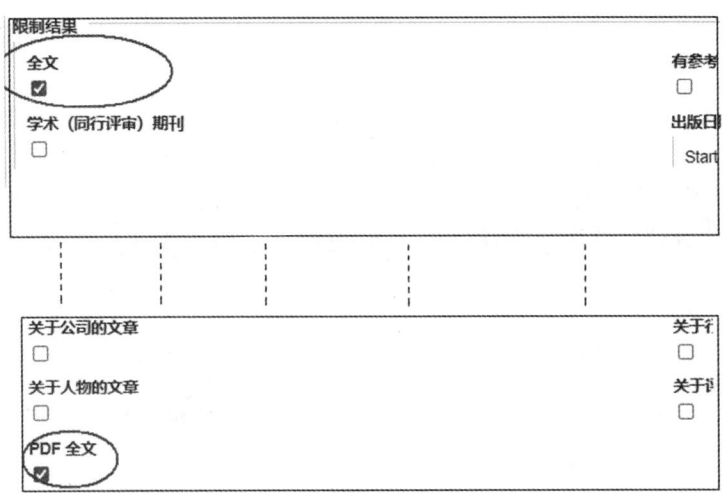

图 4.2.4　要求 EBSCO 的查询结果为全文显示并输出为 PDF 文件

最后回到图 4.2.3 界面，点击"搜索（Search）"按钮即可看到论文标题及摘要，点击标题看全文。

和中国知网一样，要阅读全文一般建议下载到计算机中。

4.2.2 SpringerLink 数据库

1. 数据库简介

大家在 Springer 的官方网站上可以看到介绍，Springer 公司是世界最为著名的科技期刊、图书出版商之一，是世界出版界的领导者、领路人，成立于 1842 年的德国，目前总部设在德国柏林。1996 年开始开发网络电子出版物，因此，我们目前可以在网上很方便地进行外文研究论文的全文检索。

Springer 非常注重出版物的科学性，论文作者、审稿人的职业道德及诚信，并致力于打击学术不端行为，如抄袭他人研究成果、伪造实验数据或调查统计数据、夸大实验结果等，对已经发表的论文要进行抽查验证，不符合要求的要撤稿。读者可以访问 Springer 的官方网站，看看有关撤稿的声明（或者在搜索引擎中也可以看到）。

目前 Springer 主要的出版物是电子期刊上的研究论文、电子科技图书、各种音视频等非物质文化遗产，收录的期刊有几千种（见 0.4.1 节）、电子图书超 10 万册，涉及的学科有建筑、行为科学、艺术、医学、生命科学、经济学、IT 产业、地球与环境科学、工程学、人文社会学、数学及统计学、物理学及天文学，几乎包含了科学研究的每一个领域。

从目前广大学生查询的体会上看，Springer 的查询功能相对较弱，只支持全文检索，因此，查到的文献非常多，需要读者自己去逐条筛选。但是，它的论文的质量、可靠性是非常高的。

2. SpringerLink 数据库查询步骤

Springer 的查阅非常简单，只能输入一个关键词，如果有多个关键词，可以用加号连接，例如，要查询纳米氧化铜材料的相关论文，可以输入"nanometer+copper"。虽然查询的方法非常简单，但是查到的论文非常多，很多都不符合要求，因此找到需要的论文相对比较困难。但是这个数据库在全世界科学领域的知名度非常高，中国的绝大多数科研机构、大学都购买了它的版权。

在 SpringLink 的首页（图 4.2.5）点击查询图标即可看到结果，例如，本例中输入"nanometer+copper"可以查到 14 条研究论文及图书，如图 4.2.6 所示，其中，有"Download PDF"表示合法注册的用户可以免费下载 PDF 格式的原文（没有注册的用户不能下载）；没有这个标志的只能看到这篇文献的简介或目录，要看原文还需要另外付费，一般都较高，以欧元或美元结算。

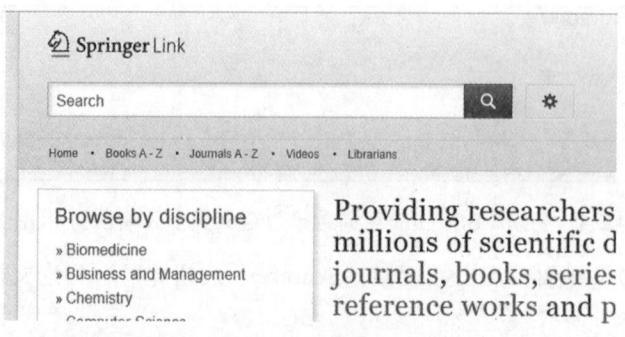

图 4.2.5　SpringerLink 电子期刊首页

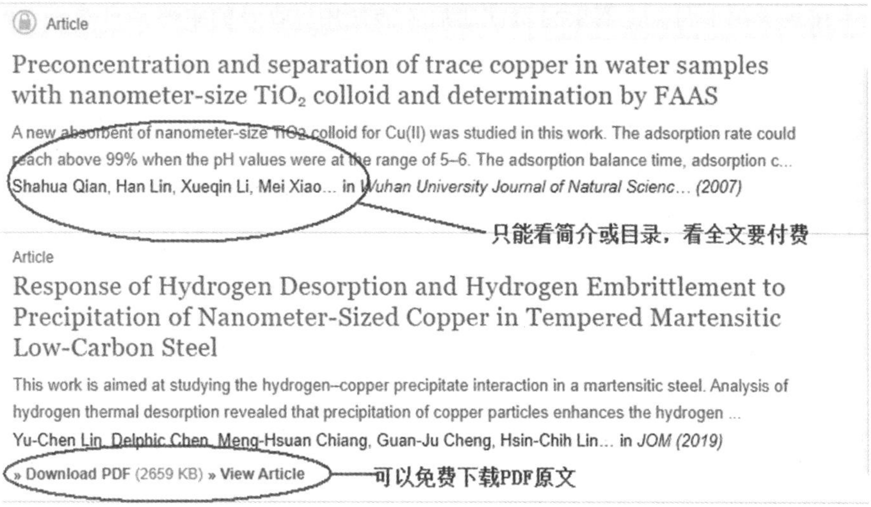

图 4.2.6　SpringerLink 查询结果

4.2.3　其他外文数据库

1. 美国的三大检索 SCI、EI、ISTP

SCI 是 Science Citation Index 的缩写，中文一般翻译为"科学引文索引"，创立于 1957 年，是非常著名的研究论文收录的数据库，在全世界影响非常大。它的作用是评价一篇研究论文达到什么样的研究水平，如果某个期刊被 SCI 收录，则在这个期刊上发表的所有论文都被 SCI 收录，因此能在 SCI 收录的期刊上发表的论文一般水平高，目前分为 SCI 一区、二区、三区、四区，其中一区水平最高。SCI 通过引证途径和综合分析，用统计分析方法计算出这个期刊的影响因子（Influence Factor）和论文的引用频度，从而得出这篇论文的研究水平及受关注程度。SCI 收录的论文包括数学、物理化学、农学、林学、医学、生物学、生命科学、工程技术、经济学等学科。因此很多大学、科研机构用 SCI 收录论文的数量及影响因子来评价一名科学工作者研究水平、研究能力的高低。

EI 是 Engineering Index 的缩写，一般翻译为"美国工程文摘"，与 SCI 的作用完全一样，也是评价一名科学工作者研究能力的象征。

ISTP 是 Index to Science & Technical Proceedings 的缩写，一般翻译为"科技会议索引"，作用与 SCI 完全相同。

三大检索不提供全文检索，只能检索到摘要。

必须指出的是，三大检索上的论文只能说明研究论文水平非常高，并不能说明论文的真假，也不能说明该论文是否存在抄袭行为，更不能说明该论文有实用价值或推广价值。一篇论文是否有价值只能由读者自己去判断（见 4.3 节的问题 1），作为一般的大学生更关注的是论文的内容，而不是研究论文水平的高低，因此三大检索在本书没有进行重点介绍。

2. Wiley 在线期刊数据库

Wiley 是世界著名的学术期刊出版商，成立于 1807 年，目前总部位于美国新泽西州，从

2010 年推出在线资源平台，也需要付费注册后才能使用，收录的主要是自然科学的期刊和研究论文。

3. Science Direct 全文数据库

它是 Elsevier Science 公司推出的在线数据库。Elsevier Science 公司总部在荷兰，始建于 1986 年，主要涉及自然科学的研究论文，在世界出版界的影响力正在扩大。也需要付费注册后才能使用。

4.3　研究论文检索中的问题

这里仅仅讨论研究论文查询中共同性的问题，几乎所有初次查文献的读者都会提出这样的疑问。实际问题复杂得多，需要与导师具体讨论。

4.3.1　怎样看待论文水平的高低

同学们经常问：我找到的论文研究水平高吗？研究结果是否可信？我可以按这篇论文的数据或实验方法进行研究工作吗？

我国期刊等级分为：重要期刊、核心期刊、一般期刊，重要期刊的等级最高，因此论文的水平也是最高的，往往反映了当前科技发展的最新状况；而一般期刊上的文章研究水平低。其中重要期刊又要看是否被 SCI、EI 收录，收录还要进一步进行等级分区，还要看影响因子……非常复杂。每个单位对期刊的分类有很大差别，详细情况可以参阅"北京大学核心期刊分类目录"（这也是一个非正式的具有参考价值的科研管理文件），同时还要看各个学校具体的科研评价考核的规章制度。之所以有这样复杂的分类，目的只有一个，就是保证期刊等级越高，论文的研究水平就越高，论文就越可靠。但实际情况却经常背道而驰，有关科研论文的丑闻层出不穷，从未停止过，这样的丑闻在任何等级的期刊上都出现过。一篇论文是否真实，还是要靠读者自己去实验验证、自己去判断，不可盲从，这是一项非常艰苦而漫长的工作。目前德国的 Springer 机构对已经发表的论文进行过抽查验证，确实发现了很多假论文。

因此，任何论文只能说明作者进行过这项研究工作，高级期刊上的论文研究的水平高、研究方法新颖、使用的仪器比较先进，一般的机构没有这些优势，但不能说明其研究成果一定可靠。论文的可靠性、真实性与期刊的等级无任何联系，需要读者自己判断、自己验证。一般来讲，如果论文中的数据是经过重复平行试验的结果，它是可信的，同时符合数理统计原理（例如进行了方差分析、假设性检验、相关性分析[13]……）；而只是一次试验的结果是无效的。在很多论文中，作者仅仅把最好的一次结果拿来发表，这样的论文显然没有重现性，不值得相信，也就是说论文是否可靠与期刊的等级、研究者的职称、研究者的社会知名度没有直接联系。

即使高水平期刊的论文是真实的、可靠的，也不能说它们就一定具有推广应用价值，一个研究成果的推广还需要考虑生产成本，市场需求，原料来源的可靠性、持久性，环境污染问题，安全生产，国家的产业政策等，这些内容都是研究论文没有考虑的。一篇论文的应用价值、应用前景与期刊的等级无任何关系。很多导师要求学生只查高水平期刊上的论文，这是不妥的，因为这样做剥夺了学生独立分析文献的机会，变成盲目追求学术的等级，事实上部分"高水平"期刊上发表的论文与一般期刊上发表的论文的实用性相差不大。

4.3.2 什么是综述性文章、研究论文、新闻

如果第一次接触某一个研究领域，或者对某个研究领域一无所知，这个时候就需要阅读综述性论文。综述性文章是对某一研究领域在当前已有的研究成果进行总结（包括研究原理、研究方法、使用的仪器设备、核心药品、最终结论等），这种论文的作者没有自己进行研究，而是将别人已经做过的研究成果进行总结、归纳、分类，并对每一类方法的优劣进行评价，分析每一类方法在未来可能的发展方向或是否值得继续研究，当然这些观点仅仅代表论文作者自己的观点。综述性的文章一般以"综述（Review）""展望（Future）""分析（analysis）""现状（present）""调查（Survey）""概述（Introduction）"等文字结尾。例如，下面这些文章就是综述性的文章：《数控机床在我国木材加工行业的应用现状》《数控机床攻丝铣洗现状调查》《数控加入技术在机械磨具中的应用分析》《纳米流体研究综述》《聚合物/黏土纳米复合材料在污水处理中的应用展望》《浅议人工智能时代财务会计向管理会计转型》。在《数控机床在我国木材加工行业的应用现状》论文中，作者从木材行业的应用现状、生产成本、制度的制约、能耗、设备的更新、环保、大数据应用这几方面总结了其他人当前的研究成果。这些论文对了解所在领域非常有帮助，值得一读。

技术性的新闻报道在论文中也经常出现，它实际上也是一种特殊的综述性文章。例如，《石墨电极用的黏结剂沥青生产新工艺》这篇新闻是某企业发布的技术革新成果，目的是做广告。但是，读者看这条新闻时，可以全面了解过去的工艺、现在的工艺，并从工艺的技术特点进行比较，为自己的研究方向、研究内容奠定基础。

因此，要写综述性的论文是非常难的，作者必须对某一研究领域非常了解，且要阅读大量其他文献，经常要进行学术交流，参加专业性的学术讨论会，因此一般的人需要阅读综述性的文章，但是写不好综述性的文章，综述性的文章建议由该领域的专家、学者、长期从事该领域的研究人员来撰写比较合适，不建议本科生写综述。在实际的教学工作中，很多本科生、研究生毕业课题的导师都要求学生在完成开题报告的同时必须再写一篇文献综述，有的甚至要求公开发表。

4.3.3 中国知网中的专利、会议资料、技术标准、研究报告

如果中国知网中也能够查专利、会议资料、技术标准甚至研究报告，那么，本教材讲的所有查询方法是不是多余的，不再需要了？中国知网中的专利、会议资料、标准、研究报告需要另外付费才能查阅，大多数研究机构没有购买版权，因此不能免费查询。另外，中国知网收录的这些文献不全面，很多查不到。因此，中国知网的优势是查询研究论文、学位论文、会议资料，其中学位论文的内容非常全面；但是，查技术标准还是用第2章的方法比较合适，查科技报告用第7章的方法比较合适，查统计年鉴用第5章的方法比较合适，政府报告在政府部门的官方网站上查，专利用第3章讲的方法查。中国知网不是万能的文献查阅网站。

4.3.4 参考文献非常重要

参考文献在任何研究论文中都是必要的，本论文中引用了其他人的研究成果，是在其他人研究的基础上开展的本论文的研究，所以要把其他人的研究成果在本论文中标记出来；否则，读者会误认为是作者的研究成果。标记方法一般是在中括号内写上参考文献的编号，并用上标表示，中文参考文献目前大多数期刊都用宋体字体（但是特殊符号、希腊文、拉丁文用的是 Times New Roman 字体），英文的参考文献都用英文字体，推荐使用 Times New Roman 字体。例如，这是一篇文章的原文：

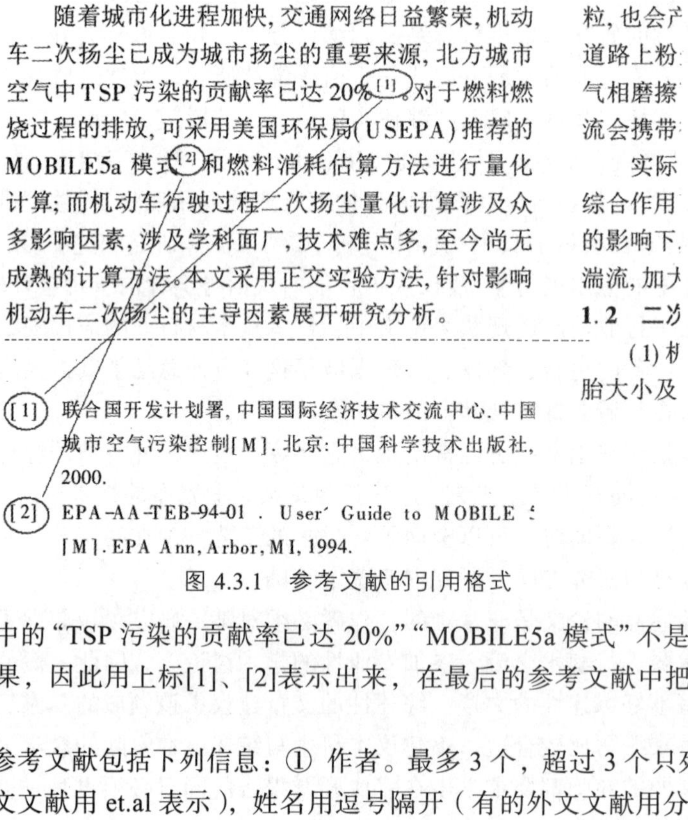

随着城市化进程加快，交通网络日益繁荣，机动车二次扬尘已成为城市扬尘的重要来源，北方城市空气中TSP污染的贡献率已达20%[1]。对于燃料燃烧过程的排放，可采用美国环保局(USEPA)推荐的MOBILE5a模式[2]和燃料消耗估算方法进行量化计算；而机动车行驶过程二次扬尘量化计算涉及众多影响因素，涉及学科面广，技术难点多，至今尚无成熟的计算方法。本文采用正交实验方法，针对影响机动车二次扬尘的主导因素展开研究分析。

粒，也会产
道路上粉
气相磨擦
流会携带
实际
综合作用
的影响下，
湍流，加大
1.2 二次
(1) 机
胎大小及

[1] 联合国开发计划署，中国国际经济技术交流中心. 中国城市空气污染控制[M]. 北京：中国科学技术出版社，2000.

[2] EPA-AA-TEB-94-01 . User' Guide to MOBILE 5 [M]. EPA Ann, Arbor, MI, 1994.

图 4.3.1 参考文献的引用格式

在这篇论文中的“TSP 污染的贡献率已达 20%”“MOBILE5a 模式”不是作者的研究成果，是引用别人的成果，因此用上标[1]、[2]表示出来，在最后的参考文献中把[1]、[2]对应的文章信息列出来。

一般来讲，参考文献包括下列信息：① 作者。最多 3 个，超过 3 个只列出前 3 个，然后加“等”字（英文文献用 et.al 表示），姓名用逗号隔开（有的外文文献用分号隔开）。作者也可以是一个团体、组织的全称。② 文献标题[文献类型]。其中文献类型用一个大写字母表示，如表 4.3.1 所示。标题一般只写主标题，不写副标题。③ 期刊名称或机构名称，编号。④ 出版年，卷（期），页码范围。⑤ 论文链接。

表 4.3.1 文献类型和标识代码

标识代码	文献类型	字母	文献类型
J	期刊	C	会议录
P	专利	R	报告
D	学位论文	N	报纸
M	普通图书	OL	联机网络
EB	电子公告	DB	数据库
CD	光盘	MT	磁带
S	标准		

以下是几种典型的参考文献的书写格式。

（1）研究论文类参考文献格式。

[序号] 作者. 论文标题[J]. 期刊名，发表年，卷（期）：起止页码。

例如

[1] 马熙中，徐道庄，邵小林. 用电热原子化吸收光谱法测定催化剂中的铅[J]. 分析测试通报，1991，10(1)：21-26.

[2] 王晓燕，冯伟，宋华旸. 城市道路路面尘土污染研究现状分析[J]. 环境卫生工程，2011，19(1)：7-8.

[3] XIONG X L, LI N, ZHANG X A. Effect of various micro-organisms of nitrogen conservation in organic wastes composting[J]. Fresenius Environmental Bulletin, 2019, 28(3): 1863-1869.

（2）专利类参考文献格式。

[序号]作者. 专利标题：专利号[P]. 公告日期或公开日期.

例如

[4] 陈志同. 一种具有局部增强结构的复杂母线抛光轮及其制作方法：CN105818008A[P]. 2016-08-03.

[5] SHEN J L, ZHANG Z G, WANG H X. Method for manufacturing nano hybrid resin diamond lines: CN1041188066A[P]. 2014-10-29.

（3）学位论文参考文献格式。

[序号]作者. 论文标题[D]. 地区：单位，年.

例如

[6] 项瑞乐. 金刚石粉末柔性抛光试验研究[D]. 北京：北京理工大学，2015.

[7] 樊首彬. 北京交通扬尘排放特征及污染控制研究[D]. 北京：北京市环境保护科学研究院，2006.

[8] DAVID W C. Lunar soil mechanics: distribution of contact stress beneath a rigid plate resting on sand[D]. Cambridge: Massachusetts Institute of Technology, 1968.

（4）会议录参考文献格式。

作者. 标题[C]. 地址：会议名称，年.

例如

[9] KEHLER J H. Procuring bad curtailment for grid security in Aberta[C]. New York: IEEE Power Engineering Society Winter Meeting, 2001.

[10] CLARK P E, CURTIS S A, MINETTO, et al. Characterizing physical and electrostatic properties of lunar dust as a basis for developing dust removal tools[C]. California: NLSI Lunar Science Conference, 2008.

[11] 王淑彦，何玉荣，刘国栋，等. 二维拱形模拟体作用下月尘颗粒悬浮过程研究[C]. 大庆：中国工程热物理学会，2007多相学术会议，2007.

（5）标准类参考文献。

[序号]作者. 标准名：编号[S]. 地址：出版单位，日期.

例如

[12] 中国汽车工业总公司. 扫路车性能试验方法：QC/T 51—1993[S]. 北京：国家发展和改革委员会，1993.6.

[13] 国家环保局. 固定污染源排气中颗粒物测定与气态污染物采样方法：GB/T 16157—1996[S]. 北京：国家技术监督局，1996.3.

（6）研究报告类参考文献。

作者. 标题[R]. 地址：单位，日期.

例如

[14] USEPA. Emission factor documentation for AP-42[R]. Kansas City: Midwest Research Institute, 1993.

[15] ESDU74030，74031. Characteristics of atmospheric turbulence near ground[R]. London: Engineering Science Data Unit, 1974.

[16] WALTON O R. Adhesion of lunar dust[R]. NASA/CA2007 214685, 2007.

[17] 朱坦，郭光焕，白志鹏. 大气颗粒物源解析技术开发与应用研究[R]. 天津：南开大学环境科学与工程学院，2010.

（7）图书类参考文献。

作者. 书名[M]. 出版地：出版社，年.

例如

[18] 奚旦立，孙裕，刘秀英. 环境监测[M]. 北京：高等教育出版社，1995.

[19] PEI X D. Multivariate statistical analysis and application[M]. BeiJing: BeiJing Agriculture University Press, 1991.

[20] TURE K. Black power: the politics of liberation[M]. New York: Vintage Books, 1967.

（8）报刊类参考文献。

作者. 标题[N]. 报刊名称，出版日期.

例如

[21] 习近平. 决战全面建成小康社会 夺取新时代中国特色社会主义伟大胜利[N]. 人民日报，2017-10-28.

[22] 新华社. 中共中央关于制定国民经济和社会发展第十四个五年规划和二〇三五年远景目标的建议[N]. 人民日报，2020-11-04.

（9）电子文档。

作者. 标题[EB/OL]. （更新或修改日期）[引用日期]网址.

例如

[23] 姜明，董振宁. 互联网出行大数据对于预防交通事故的作用[EB/OL]. http://gxpt.tmri.cn/info/1621.jspx，2018-12-12.

[24] WHO. Ten threats to global health in 2019[EB/OL]. http://akipress.com/news:615242?from= m portal&place=project.

随着文献来源的变化，特别是网上检索的功能不断增强，参考文献的格式也在不断变化，特别是电子文档的普及，以上介绍的格式并不绝对，还需要了解每种期刊目前的具体要求。

4.3.5 怎样把专业词汇翻译成英语

这是初学者常见的问题，拿到导师给的课题后，对课题一无所知，也看不懂课题中的专业词汇。例如，学生的毕业课题是"花椒籽仁油在加热过程中反式脂肪酸的形成"，涉及的专业词汇有亚麻酸、亚油酸、油酸……，由于要查英文文献，这些专业词汇必须翻译成英语。这里以亚麻酸为例进行讲解。

（1）进入中国知网的首页，如图 4.1.1 或图 4.1.2 的"高级检索"。

（2）查找方式选择"关键词"，然后输入中文的"亚麻酸"，点击"检索"按钮，如图 4.3.2。

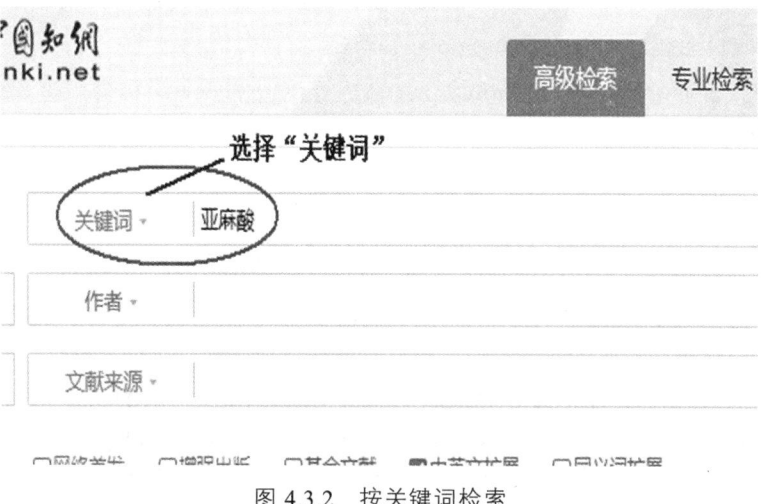

图 4.3.2　按关键词检索

结果如图 4.3.3，检查结果有上百篇，选择任何一篇都可以。这里选择的是第 11 篇，这与读者的研究领域有关，由于这个学生的指导老师是制药工程专业的，因此他建议学生看食品和制药有关的期刊，因此选择了第 11 篇文献。

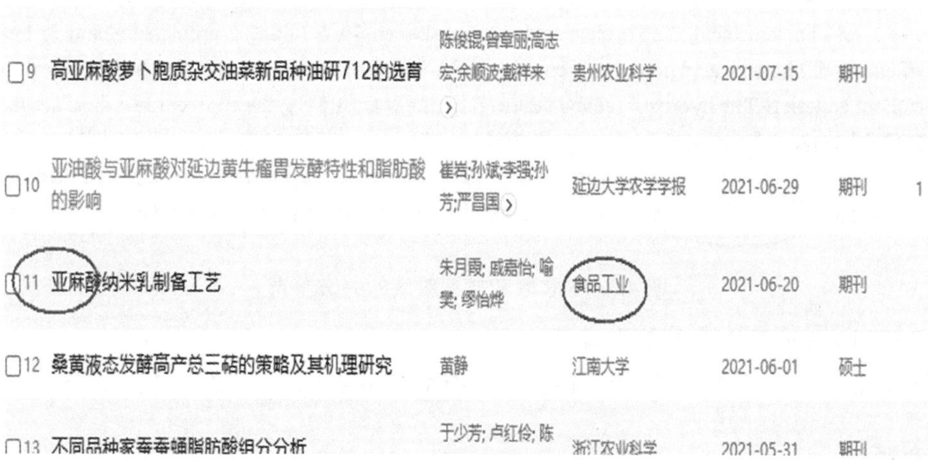

图 4.3.3　亚麻酸的查询结果

下载这篇论文（图 4.3.4），看原文，一般原文都有中文的"关键词"及对应的英文关键词 Key Words，因此就能找到对应的英文，如图 4.3.5。

亚麻酸纳米乳制备工艺

朱月霞[1]　戚嘉怡[1]　喻樊[1,2,3]　缪怡烨[1,3]

1. 盐城师范学院药学院　2. 江苏省滩涂生物资源与环境保护重点建设实验室　3. 南京工业大学

摘要： 研究亚麻酸纳米乳的制备。比较亚麻酸在4种油相、3种乳化剂和2种助乳化剂中的溶解度,用伪三元相图筛选最佳处方,通过抗氧化活性、包封率、TEM及抑菌活性等对制备的亚麻酸纳米乳进行评价。亚麻酸纳米乳的最优处方为2.26%亚麻酸、2.26%油酸、13.53%Tween-80、6.76%1,2-丙二醇、75.19%纯化水。亚麻酸纳米乳包封率为66.7%,外观呈球形,粒径约176 nm。测得亚麻酸纳米乳羟自由基清除率81.34%,超氧自由基清除率23.08%,DPPH自由基清除率10.34%,有抑制作用。选择的处方工艺简单,为亚麻酸纳米乳的制备提供了参考。

关键词： 亚麻酸; 纳米乳; 伪三元相图; 抗氧化活性; 抑菌活性;

基金资助： 江苏省自然科学基金面上项目（BK20181478）；江苏省盐土生物资源研究重点实验室项目（JKLBS201　科技创新专项引导资金项目（YKN2016011）；盐城师范学院拔尖人才计划项目；江苏省大学生创新创　010324025Z）；

专辑： 工程科技Ⅰ辑

图 4.3.4　CAJ 下载、PDF 下载都可以

关键词 亚麻酸; 纳米乳; 伪三元相图; 抗氧化活性; 抑菌活性

Preparation of Linoleic Acid Nanoemulsion

ZHU Yuexia[1#], QI Jiayi[1#], YU Fan[1,2,3]*, MIAO Yiye[1,3]

1. College of Pharmacy, Yancheng Teachers University (Yancheng 224051);
2. Jiangsu Provincial Key Laboratory of Coastal Wetland Bioresources and Environmental Protection
3. Nanjing University of Technology (Nanjing 210000)

Abstract To study the preparation of linolenic acid nanoemulsion, the solubility of linolenic acid in three types of surfactants and two kinds of co-surfactants were evaluated, and the optimum form nanoemulsion was screened via pseudo ternary phase diagram. The linolenic acid nanoemulsion was activity, encapsulation efficiency, TEM and antibacterial activity. The optimum formulation of lino was 2.26% linolenic acid, 2.26% oleic acid, 13.53% Tween-80, 6.76% 1, 2-propanediol and 75.19% efficiency of linolenic acid nanoemulsion was 66.7%. Linolenic acid nanoemulsion had spherical app without adhesion. The hydroxyl radical scavenging rate was 81.34%, the superoxide radical scaveng DPPH free radical scavenging rate was 10.34%, and linolenic acid nanoemulsion inhibited two comm prescription process was simple, which provided a reference for the preparation of linolenic acid nano

Keywords linolenic acid; nanoemulsion; pseudo ternary phase diagram; antioxidant activity; antiba

图 4.3.5　看原文找到对应的英文单词

可以看到，亚麻酸对应的英文就是 Linolenic Acid。

大家要注意，专业词汇的英语不能在网上搜索，那样得到的答案可能不正确。

思考题

1. 综述性论文与研究论文有哪些区别？什么时候需要阅读综述性论文？
2. 中国期刊的等级分为哪几种？等级高的期刊上的论文正确率一定高吗？
3. 要查阅二氧化钛中加入少量氧化铜后对染料的降解率的影响，应该怎样输入检索的关

键词？是不是找到的论文越多越好？找多少篇是比较合适的？

4. 在中国知网中是否可以查专利、研究报告、会议资料、技术标准？物质的物理化学常数可不可以查？

5. 除了本教材讲的 CNKI 和 SpringerLink 数据库外，你所在的单位还购买了哪些专业的数据库？它们的检索方法与本教材讲的方法有哪些异同？

6. 论文的摘要一般写多少字？关键词一般有几个？

7. 在 SpringerLink 数据库中，除了可以查论文外，还可以检索到哪些类型的文献？这些文献可以免费看全文吗？可以免费下载吗？

课后建议

查找一篇有关你的研究方向的英文研究论文或其他英文的科技研究论文，然后用当前最新版的"权威"翻译软件翻译成中文，能看懂翻译后的中文吗？反过来，用中文书写的毕业论文能用"权威"翻译软件翻译成英文发表吗？试试看。

怎样查统计年鉴及统计数据

统计年鉴、统计数据的查阅只能在国家统计局的官方网站（http://www.stats.gov.cn）上查到，目前在智能手机也可以查询，与电脑的查询结果完全一样，操作步骤略有区别。各省（自治区、直辖市）的统计局可以查到当地的统计年鉴，例如，重庆市的统计年鉴就可以在重庆市统计局的官方网站（http://tjj.cq.gov.cn）上查到。

统计数据是非常严肃的官方正式数据，是向全世界公开的官方数据，因此不能从非官方的网站或中间机构获得。统计年鉴的阅读对浏览器非常敏感，经常出现电脑自带的浏览器打不开年鉴文本的情况，这时只能换一个浏览器安装后访问（安装后建议将这个浏览器设为默认浏览器，年鉴查完后将它卸载）。

当然在中国知网也有年鉴的数据，但是，一般的单位都没有购买版权，因此经常查不到数据，而且是从国家统计局的官方网站上转载过来的，因此不是权威发布，更不是首次发布。

5.1 年 鉴

中国年鉴的唯一发布机构就是国家统计局。严格地讲，所有的统计年鉴都是政府出版物，作者把它单独列出来讲解，是因为它的影响力非常大，且检索方法不同于其他政府出版物。

5.1.1 国家统计局简介

国家统计局（官网地址 http://www.stats.gov.cn）成立于1952年，是国务院直属机构，从事国内经济数据核算工作，统计方法标准建设，组织、调查、审批、核实经济数据的真实性、准确性、完整性，是经济数据的权威且唯一发布机构，这些数据对国民经济发展、科技进步有着深远影响，对国家制定未来五年发展规划有着深远影响，也是世界了解中国的窗口。

根据国家统计局官方网站公布的信息，我国的统计数据包括：国民经济核算、固定资产投资核算、对内对外贸易统计、人口与社会科技统计，这与其他国家统计年鉴数据基本类似；主要的出版物有《中国统计年鉴》《中国工业经济统计年鉴》《中国能源统计年鉴》《中国社会统计年鉴》。

值得注意的是：统计年鉴、统计数据不仅仅是科技文献检索的重要组成部分，而且与普通人的日常生活息息相关，例如，居民消费品价格指数（CPI）、工业企业的环境污染状况、温室气体排放、食品药品的消费情况……这些数据只能在国家统计局查到，其他网站、报纸、期刊的有关数据都是从国家统计局转载的。

5.1.2 中国年鉴的检索步骤

（1）进入国家统计局官网（http://www.stats.gov.cn），这是用得最多的国内统计数据网站，是首选。进入网站后可以看到图5.1.1的画面，也可以在搜索引擎中输入"国家统计局"，可以看到非常多的结果，找到网址是http://www.stats.gov.cn的才是正确的。

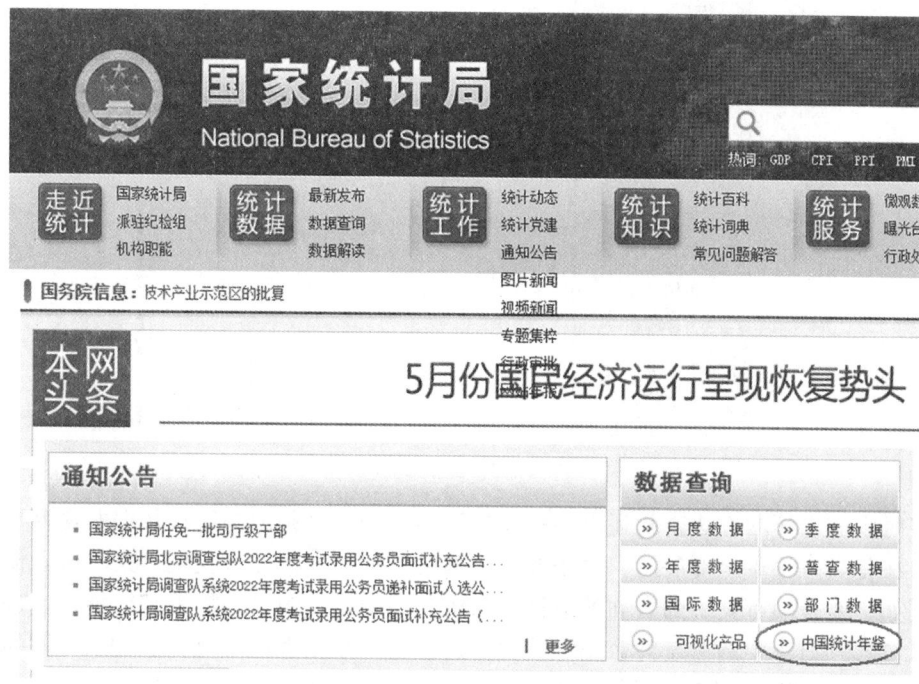

图5.1.1 国家统计局网站首页

（2）点击"中国统计年鉴"，可以看到图5.1.2的画面，虽然只列出了最近十年的报告，但是每一年的报告都包括了过去所有年份的统计数据。

2021年	2020年	2019年	2018年	2017年
2016年	2015年	2014年	2013年	2012年
2011年	2010年	2009年	2008年	2007年
2006年	2005年	2004年	2003年	2002年
2001年	2000年	1999年		

注：建议使用IE7以上版本普通模式（"兼容性视图"），或360浏览器兼容模式浏览（非极速模式）。

图5.1.2 从1999年至今的统计数据

（3）点击任何一年的数据，可以查到详细的结果，只需要点击左边蓝色区域的标题即可，如图5.1.3，详细的数据非常多，这里就不展示了。

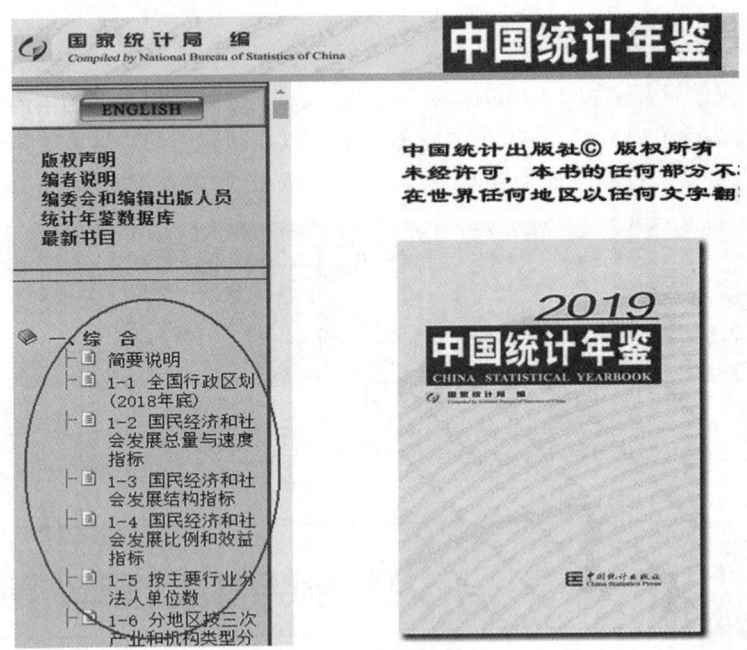

图 5.1.3 查询结果

很多时候按上面的方法查找还是不能找到许多数据,这是因为统计数据非常多、分类相当复杂,在首页上很难全部展示,而是放在内部的链接上,因此难找到。这时可以使用查找功能,例如,要查阅有关中药方面的数据(如中药的产量、销量、批发平均价格、进出口量等),可以在图 5.1.1 中的"统计数据"按钮旁边找到"数据查询",出现如图 5.1.4 的画面,在方框中输入"中药",然后点击"查询"按钮,就可以看到图 5.1.5 的结果,共 1306 条有关中药的统计记录,点击任意一条就可以看到详细的数据,每条统计的数据非常多,这里就不展示了。

图 5.1.4 输入查询的关键词(如"中药")

首页 搜索 搜索结果

相关结果约 1327 条

指标	地区	数据时间
中药饮片加工工业生产者出厂价格指数(上年同月=100)	全国	2022年5月
中药饮片加工工业工业生产者出厂价格指数(上年同月=100)	全国	2022年5月
中成药产量(万吨)	全国	2021年
中成药产量(万吨)	全国	2020年
中式成药出口数量(吨)	全国	2021年
中式成药出口数量(吨)	全国	2020年

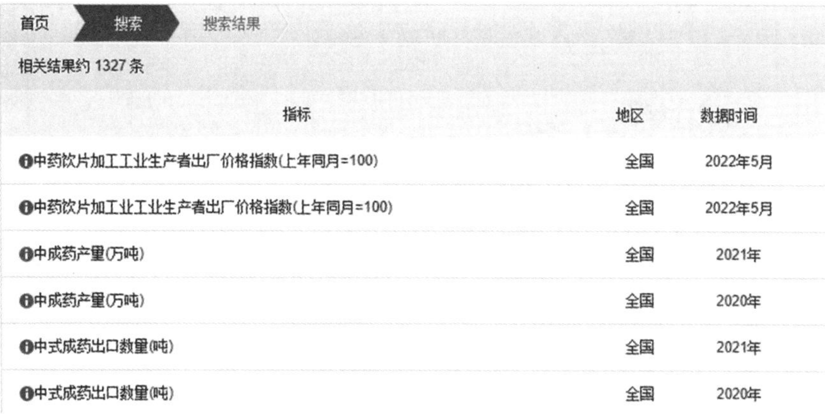

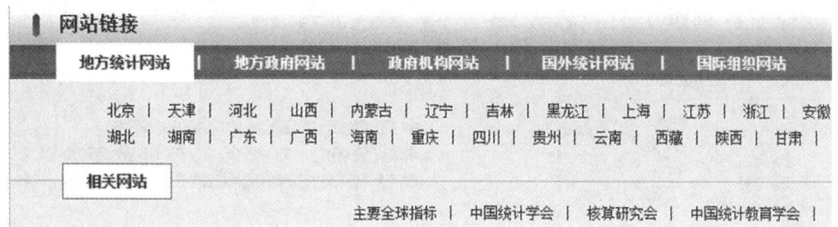

图 5.1.5　有关中药的查询数据

5.1.3　省（自治区、直辖市）统计局的统计年鉴

进入国家统计局的网站后可以看到图 5.1.1 的画面，在首页的最下端找到“网站链接”，可以看到图 5.1.6 的画面，列出了全国所有省（自治区、直辖市）的统计局链接。

图 5.1.6　地方统计年鉴的查询

查阅方法与国家统计年鉴几乎相同，显示的画面也几乎相同，这里就不再重复了。其他国家和地区的年鉴也是类似地查阅，点击“国外统计网站”即可。

也可以在搜索引擎中输入省（自治区、直辖市）统计局的官方网站，例如，输入重庆市统计局官网，可以看到如图 5.1.7 的画面，在网页的下部可以找到“年鉴”，之后可以看到重庆每一年的年鉴，如图 5.1.8。

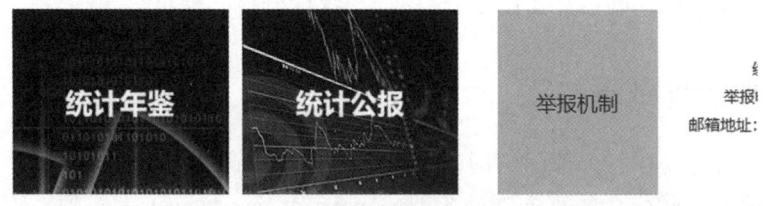

图 5.1.7　重庆市统计局官方网站首页

您当前的位置： 首页>政务公开>法定主动公开内容>统计信息>统计年鉴

统计年鉴

· 重庆统计年鉴历年下载

· 2021重庆统计年鉴

· 2020重庆统计年鉴

· 2019重庆统计年鉴

· 2018重庆统计年鉴

图 5.1.8　重庆每年的统计年鉴

点击任何一年，最后的详细数据如图 5.1.9 所示。

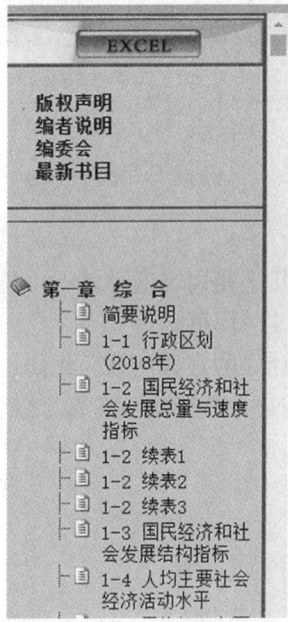

图 5.1.9　重庆统计年鉴 2019 年的详细数据

如果要找统计数据，则可点击图 5.1.7 中的"统计公报"即可。

5.2　行业统计数据检索

行业统计数据可以在各个部门的网站上查到，例如，石油与化工产品的年产量就可以在中国石油和化学工业联合会的官方网站（http://www.cpcia.org.cn）上找到，钢铁方面的统计数据可以在中国钢铁工业协会的官方网站（http://www.chinaisa.org.cn）上找到……。查阅的方法大同小异，都是找到"统计数据"或"（大）数据服务"。如果还是无法找到，则只能手工查阅。

绝大多数科技统计数据可以在工信部的官方网站（http://www.miit.gov.cn）上找到，国家统计局的官方网站上也有很多部门的统计数据（如商务部、外交部、城乡建设部、卫生部、林业部、工信部……），在国家统计局的网站中找到如图 5.1.6 中的"政府机构网站"，可以看到很多政府机构，里面就有统计数据，图 5.2.1 就是工信部的统计数据。

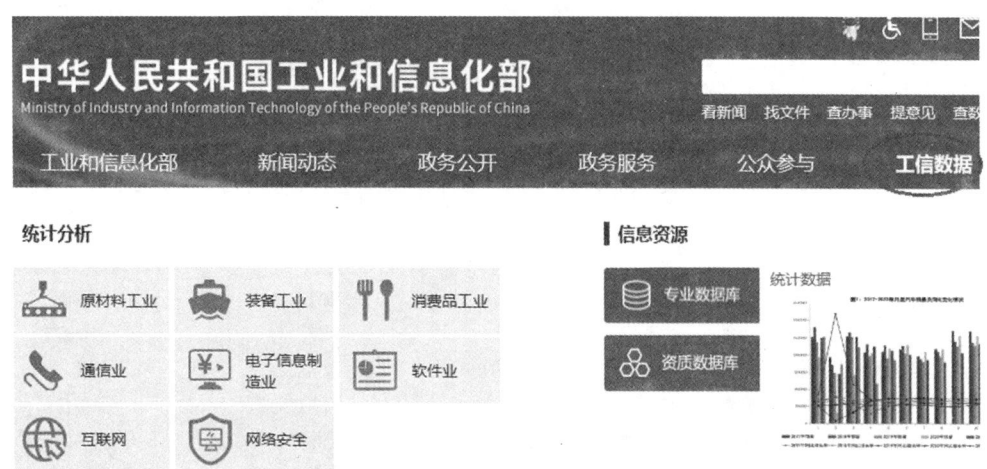

图 5.2.1　工信部统计数据

点击"原材料工业"，就可以看到详细数据，如图 5.2.2。

图 5.2.2　原材料的详细统计数据

当然，这些政府部门公布的统计数据还是不完整，而且非常分散、内容繁多，整理出需要的内容比较麻烦。如果找不到需要的数据，还是只能手工查阅印刷版的统计年鉴。

5.3 国外统计数据检索

国外的统计数据同样可以访问这个国家的统计局而获得，例如，美国国家统计局的网站可以在任何搜索引擎上找到，但是，最合适的方法还是在国家统计局的官方网站（http://www.stats.gov.cn）上查询，如图 5.1.6，找到"国外统计网站"，可以看到如图 5.3.1 的画面。

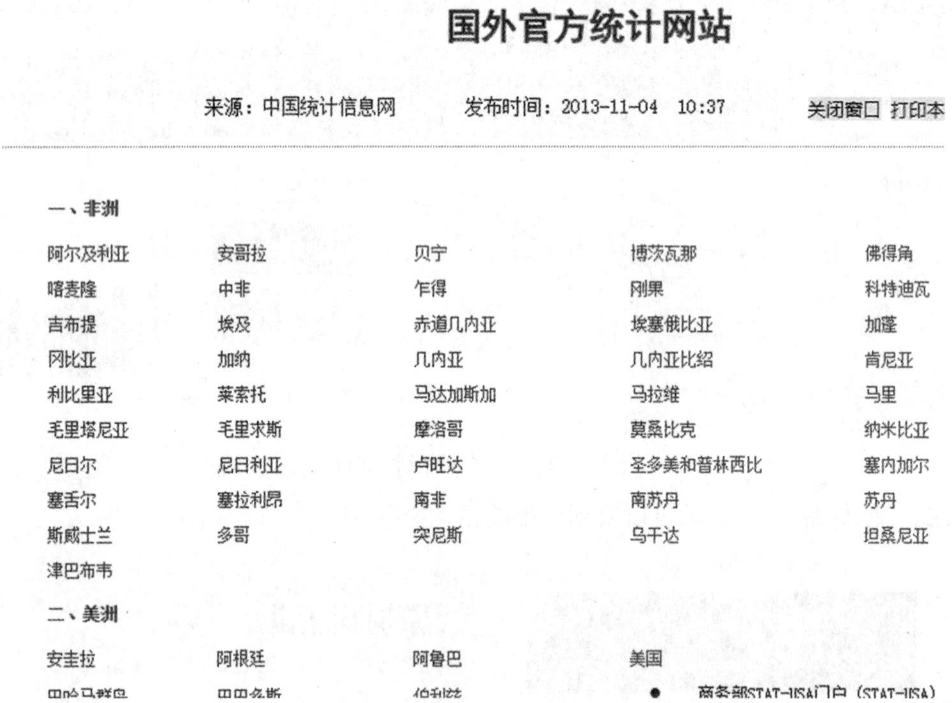

国外官方统计网站

来源：中国统计信息网　　发布时间：2013-11-04 10:37　　关闭窗口 打印本

一、非洲

阿尔及利亚	安哥拉	贝宁	博茨瓦纳	佛得角
喀麦隆	中非	乍得	刚果	科特迪瓦
吉布提	埃及	赤道几内亚	埃塞俄比亚	加蓬
冈比亚	加纳	几内亚	几内亚比绍	肯尼亚
利比里亚	莱索托	马达加斯加	马拉维	马里
毛里塔尼亚	毛里求斯	摩洛哥	莫桑比克	纳米比亚
尼日尔	尼日利亚	卢旺达	圣多美和普林西比	塞内加尔
塞舌尔	塞拉利昂	南非	南苏丹	苏丹
斯威士兰	多哥	突尼斯	乌干达	坦桑尼亚
津巴布韦				

二、美洲

| 安圭拉 | 阿根廷 | 阿鲁巴 | 美国 |
| 巴哈马群岛 | 巴巴多斯 | 伯利兹 | ● 商务部STAT-USA门户（STAT-USA）|

图 5.3.1　国外统计数据

这里列出了全世界所有国家的统计数据。有的国家发布的数据不是英文的，点击"English Version"就可以了，如果没有提供就没有办法了，例如，非洲国家科特迪瓦就没有提供英文版的统计数据。

此外，还有国际组织的统计数据，也可以在图 5.1.6 的链接中找到，方法与国家统计局的检索方法几乎相同。

如果在这些网站上没有找到需要的数据，则只能手工检索。例如，到重庆科技情报所去手工检索。

思考题

1. 除了本教材讲的统计年鉴外，到单位所在的图书馆，查一下还有哪些统计年鉴？这些印刷的年鉴在网上可以免费查到吗？

2. 下列统计年鉴中经常遇见的缩写：CPI、PPI、GDP、PMI，它们的含义是什么？只能由什么部门才能进行权威发布？统计数据是否必须按照统一的标准方法进行调查、取证、获得数据？

3. 在国家统计局的网站上能否查到乙烯每年的总产量、每年的平均价格、总产值？乙醇、异丙醇呢？在中国知网中可以查到这些数据吗？在搜索引擎上可以搜到吗？如果搜索引擎可以搜到这些数据，你相信吗？

4. 现在想了解一下全国有多少人接种了新冠病毒疫苗，应该在什么部门的官方网站上检索？

5. 比较国家统计局的统计项目和你所在的省（自治区、直辖市）统计局的统计项目，二者完全相同吗？和工信部统计的项目相同吗？

6. 你在科学研究、学习中用到了哪些统计数据？举例说明。

7. 请在任何探索引擎上搜索"中国化工产品年鉴"或"中国机械工业年鉴"，或其他年鉴，这些年鉴上公布的数据可信吗？这些数据用本教材讲的方法能否检索到？如果都可以检索到，二者的数据一致吗？哪一种方法检查到的数据是可靠的？

6 怎样查政府出版物

政府出版物可以在政府的相关官方网站上找到，主要有国家新闻出版署、中国新闻出版网、中国版本图书馆、中国新闻出版信息网、中国政府网、新华网、各省（自治区、直辖市）的政府网、各部委机构网（如工信部、卫健委、石油化工部等）。

6.1 国家新闻出版署（http://www.nppa.gov.cn）

新闻出版署管理图书、期刊的出版发行，任何一本图书、期刊都必须在国家新闻出版署注册后才能发行。进入首页，移到网页的最底部，找到"从业机构和产品查询"，如图6.1.1所示。

图 6.1.1 查出版物是否合法注册

通过这个网站，可以查到出版社的管理机构、主办机构、业务范围（类型）、期刊的刊号、报刊刊号、图书编号、图书CIP核准号，这些信息是任何合法出版物必须具备的。凡是在这个网站上找不到的图书、期刊（包括电子出版物、音像出版物）一定是非法出版的。参加任何学术交流会，会上都会发一些会议资料、图书、期刊，这时必须在国家新闻出版署网站上查询这些资料来源的合法性，避免上当受骗。

除此以外，在这个网站上还可以找到政策性的文件，例如，《音像制品管理条例》《国家著作权法》《行政处罚结果公示》……，这对任何学科的研究工作都是指导性文件，非常重要。

在查询中，可能需要用户注册，这时可以用手机号注册一个用户名。

6.2 其他的政府出版物

所有的政府出版物都可以在各省（自治区、直辖市）的官方网站上找到，例如重庆市人民政府网（http://www.cq.gov.cn），或者行业的官方网站上找到，例如，工信部（http://www.miit.gov.cn）、外交部，这里没有统一的方法，只需要查询每天的通知、条例、指南就可以了。常见的网站有：

中华人民共和国中央人民政府（http://www.gov.cn）

新华网（http://www.xinhuanet.com.cn 或 http://www.news.cn）

全国人民代表大会（http://www.npc.gov.cn）

中国人民政治协商会议全国委员会（http://www.cppcc.gov.cn）

中华人民共和国国家发展和改革委员会（www://www.ndrc.gov.cn）

中华人民共和国国务院新闻办公室（http://www.scio.gov.cn）

以上这些网站公布的信息对科学研究影响非常大，它决定了科学研究的大方向。

思考题

1. 已经知道图书的 CIP 数据核字是（2008）第 062499 号，应该怎样查询这本图书是否存在？这个号对应的图书名字是什么？作者有哪些？

2. 已经知道期刊的刊号是 CN50-1062/TD，应该怎样查询这个期刊是否存在？这个号对应的期刊名是什么？主管单位、主办单位分别是谁？

3. 结合当前形势，你能找到哪些政府出版物与你的科研项目有关？举例说明。

怎样查其他科技文献

7.1 科技报告

科技报告可以在中国知网中查询,但是很多机构没有购买版权,就查不到,而且,中国知网提供的科技报告也不全面,所以科技报告还是建议在以下网站查阅。

7.1.1 国家科技报告服务系统(http://www.nstrs.cn)

这个系统的查阅方法非常简单,进入主页后即可看到如图7.1.1的画面。

图7.1.1 中国科技报告查询

点击"高级检索"按钮,就弹出输入框,输入名称进行模糊查询。

如果在任何搜索引擎进行搜索,可以发现科技报告还可以在下列机构中查询。

(1)国家科技图书文献中心(http://www.nstl.gov.cn),点击"报告"然后输入查询内容,如图7.1.2。

图7.1.2 国家科技图书文献中心查科技报告

（2）中国科学院文献情报中心（http://www.las.ac.cn），点击"报告"即可，如图 7.1.3。

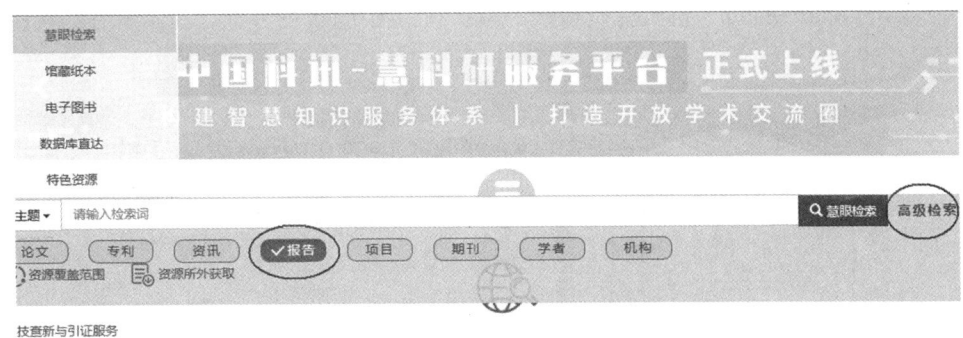

图 7.1.3　中科院文献情报中心的科技报告

值得注意的是，网上查的科技报告往往滞后了很多年，要查到最新的研究报告，还是只能到中国科学院科技情报所进行手工查阅。

7.1.2　美国宇航局

美国宇航局不仅仅是从事航天探索宇宙的使命，它的研究范围几乎涉及科学研究的所有角落，它的研究报告可以在这三个机构中免费查询：

NASA Technical Reports Server (http://ntrs.nasa.gov)

NASA Scientific Report and Technical Information Programs (http://sti.nasa.gov)

NASA Library's New EECS Technical Reports Achieve (http://ucblibrary4.berkeley.edu)

值得注意的是，美国宇航局的官方网站（http://www.nasa.gov）不能访问以上的链接。

这里以 NASA Technical Reports Server 为例进行讲解，其他两个都是类似的查询方法。进入网站后可以看到如图 7.1.4 所示的首页。

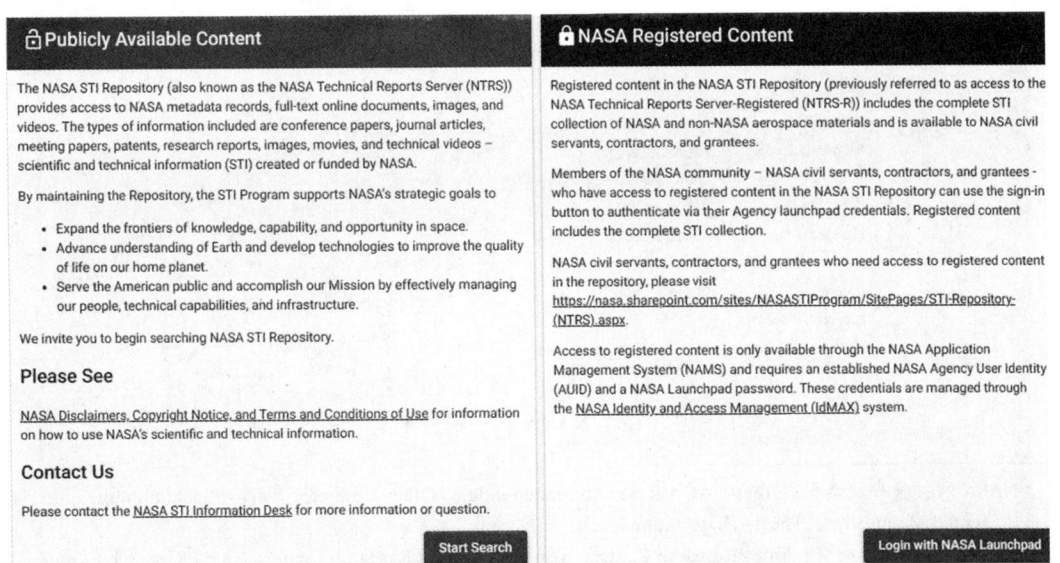

图 7.1.4　美国宇航局 NASA Technical Reports Server 首页

其中"Publicly Available Content"是免费的全文查询，而"Registered Content"需要付费且注册。点击"Start Search"进行免费检索，可以看到图 7.1.5 的界面，显示所有的科技报告。

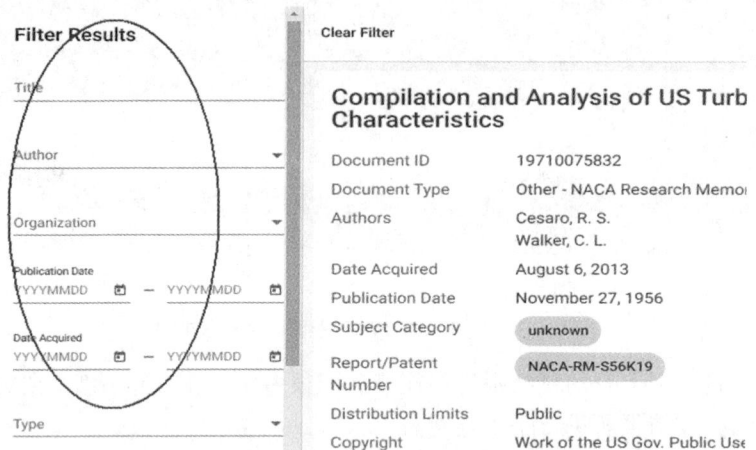

图 7.1.5　科技报告的查询

目前的查询方式有：按报告的标题查询（Title）（这是最常用的方式），按作者查询（Author），按机构团体查询（Organization），按发行日期查询（Publication Date），按接受日期查询（Date Acquired），按报告类型查询（Type）*，按来源查询（Center）**，按学科专业查询（Subject Category），按报告编号查询（Report Number），按资助基金编号查询（Funding Number），按报告中的关键词查询（Keywords），可以使用滚动条看到全部的查询选项。例如，要查询有关 5G 通信技术的科技报告，只需要在"Title"中输入"5G"，如图 7.1.6，右边就会显示查询结果。

在图 7.1.6 对应的网页的右下部分可以看到"Detail"按钮，点击可以看到原文，如图 7.1.6 所示。

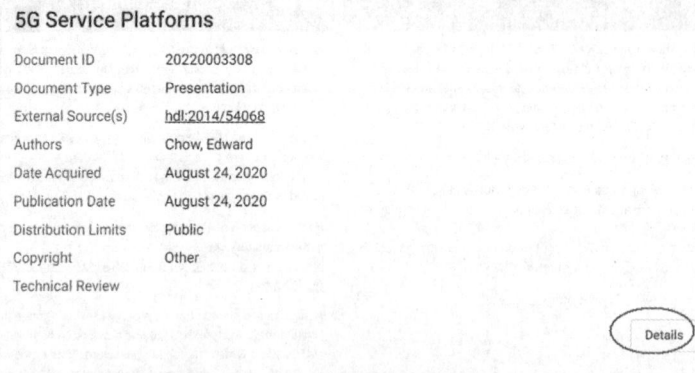

图 7.1.6　NASA 科技报告全文

---

* NASA 科技报告的类型：Other-NACA Research Memorandum、Other-Collected Works、Special Publication、Accepted Manuscript、Thesis/Dissertation。

** NASA 的研究中心有：Ames Research Center、Armstrong Flight Research Center、Glenn Research Center、Headquarters、Jet Propulsion Laboratory、Johnson Space Center、Kennedy Space Center、Langley Research Center、Legacy CDMS、Marshall Space Flight Center、Stennis Space Center、Wallops Flight Facility、White Sands Test Facility。

如果需要下载，则点击这个报告的编号即可，如图 7.1.7，原文只能用 Adobe Acrobat Reader 浏览器阅读。

图 7.1.7　下载 NASA 科技报告全文

要成为 NASA 注册用户，可以在图 7.1.4 所示的网页中点击 "Login with NASA Launchpad"，这样访问的资源更多且更及时。目前注册用户只能是美国公民和在美国合法居住的外国公民，其他人不能成为注册用户。

使用任何搜索引擎，可以发现科技报告还可以从以下机构获取，检索方法非常相似。

（1）美国能源局信息检索系统，简称 DOE（http://www.osti.gov），如图 7.1.8 所示。

图 7.1.8　美国能源局科技报告检索

（2）美国环保署报告系统（http://cfpub.epa.gov/roe）。
（3）美国经济研究所（http://www.nber.org）。
（4）世界银行（documents.worldbank.org）。

7.2　会议资料

会议资料可以在中国知网中查询，但是很多机构没有购买版权，就查不到，而且，中国知网提供的会议资料也是不全面的，因此建议在科学网（http://meeting.sciencenet.cn）查询。

参考文献

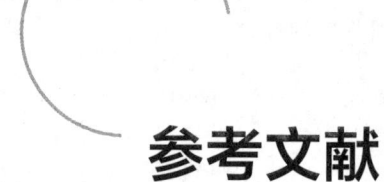

[1] 傅献彩，沈文霞，姚天扬，等. 物理化学（上册）[M]. 5 版. 北京：高等教育出版社，2006.

[2] NGIGI E H, NOMNGONGO P N, NGILA J C. Recent methods used in degradation of parabens in aqueous solutions: a review[J]. International Journal of Environmental Science and Technology, 2021, 18(6): 1042-1047.

[3] 连云港市人民政府. 江苏连云港聚鑫生物科技有限公司 12·9 特大爆炸事故[OL]. http://www.lyg.gov.vn/zglygzfmhwz/sgxx/content/shibmzdlyf_65208.html.

[4] 国家文物局. 国务院关于公布第一批国家级非物质文化遗产名录的通知（国发[2006]18号）[EB/OL]. http://ncha.gov.cn/art/2008/4/2/art_722_111043.html.

[5] 国家标准化管理委员会. 中国标准书号：GB/T 5795—2006[S]. 北京：国家质量监督检验检疫总局，2007.1.

[6] 国家标准化管理委员会. 中国连续出版物号 第 2 部分：ISSN：GB/T 9999.2—2018[S]. 北京：国家质量监督检验检疫总局，2019.4.

[7] 世界知识产权组织. 知识产权教程[OL]. http://www.cnipa.gov.cn/art/2009/9/1/art_2147_152046.html.

[8] 国家标准化管理委员会. 稀土废渣、废水化学分析法 第 2 部分：化学需氧量（COD）的测定：GB/T 34500.2—2017[S]. 北京：国家质量监督检验检疫总局，2018.5.

[9] 国家标准化管理委员会. 工业循环水中化学需氧量（COD）的测定 高锰酸盐指数法：GB/T 15456—2019[S]. 北京：国家质量监督检验检疫总局，2020.7.

[10] HOLME D J, PECK H. Analytical biochemistry[M]. 3rd Edition. New York: Addidon Wesley Longman Ltd, 1998

[11] 中华人民共和国国务院新闻办公室. 国务院关于印发《中国制造 2025》的通知[OL]. http://www.scio.gov.cn/xwfbh/xwbfbh/wqfbh/37601/39571/xgzc39577/Document/1644483/1644483.htm.

[12] 陈京莲，胡玮. 文献半衰期与普赖斯指数之间的关系[J]. 大学图书情报学刊，2018，28（1）：2-4.

[13] 盛骤，谢式千，潘承毅. 概率论与数理统计[M]. 4 版. 北京：高等教育出版社，2008.

[14] Gilead Sciences Inc. Methods and compounds for treating paramyxoviridae virus infections: CN201180035776[P]. 2011-07-22.

[15] 中华人民共和国专利法[EB/OL]. https://www.cnipa.gov.cn/art/2015/9/7/art_98_28200.html.